앞으로 3년, 돈이 흐르는 곳에 투자하라

앞으로 3년, 돈이 흐르는 곳에 투자하라

초판 1쇄 발행 · 2022년 10월 20일

지은이 · 제갈량(길병순)
발행인 · 이종원
발행처 · (주)도서출판 길벗
출판사 등록일 · 1990년 12월 24일
주소 · 서울시 마포구 월드컵로 10길 56(서교동)
대표 전화 · 02)332–0931 | **팩스** · 02)323–0586
홈페이지 · www.gilbut.co.kr | **이메일** · gilbut@gilbut.co.kr

기획 및 책임편집 · 박윤경(yoon@gilbut.co.kr) | **마케팅** · 정경원, 김진영, 김도현, 이승기
제작 · 이준호, 손일순, 이진혁 | **영업관리** · 김명자, 심선숙, 정경화 | **독자지원** · 윤정아, 최희창

글 · 최원정 | **교정교열 및 편집진행** · 최원정 | **디자인** · 섬세한 곰 | **전산편집** · 디자인다인
CTP 출력 및 인쇄 · 금강인쇄 | **제본** · 금강제본

정가 20,000원

독자의 1초까지 아껴주는 정성 길벗출판사

(주)도서출판 길벗 | IT교육서, IT단행본, 경제경영서, 어학&실용서, 인문교양서, 자녀교육서
www.gilbut.co.kr
길벗스쿨 | 국어학습, 수학학습, 어린이교양, 주니어 어학학습, 학습단행본
www.gilbutschool.co.kr

앞으로 3년,
돈이
흐르는 곳에
투자하라

제갈량(길병순) 지음

오르는 부동산이 보이는 지도

부동산의 역사는 반복된다

서울 아파트 매수심리가 얼어붙었다. '거래 멸종'이라는 말이 나올 만큼 거래는 없고, 가격 조정에 대한 기사는 매일 쏟아진다. 그동안 급상승하며 시장에 껴 있던 거품이 사라지고 있다는 분석이 이어지며 '폭락'에 대한 공포감이 시장을 누르고 있는 것이다.

그런데, 지금 같은 시기는 예전에도 있었고, 앞으로도 다시 찾아올 것이다. 많은 사람들이 시장의 추세, 분위기를 살피고 비관적인 데이터에만 매몰되어 있을 때 동요하지 않고 지금 가장 수익률이 높은 부동산에 투자해 큰 수익을 내는 사람들도 있다.

시장이 어떻든 우리는 수익을 내는 투자를 하면 된다. 가격이 오르면 꼭짓점이 어디인지를, 내리면 어디까지 빠질 것인지를 따지며 관망만 하는 사람들은 아까운 시간을 그저 오르내리는 시장의 파도에 따라 동요하는 데 다 보낸다. 참 안타까운 일이다.

수요와 공급의 법칙에 배팅하라

정부의 부동산 정책, 금리 인상 등이 변수로 작용하는 것은 분명하다. 당연히 달라지는 정책과 금리 전망에는 귀기울여야 한다. 하지만 가장 중요한 것은 부동산의 수요와 공급이다.

그래서 우리는 풍성한 수요가 뒷받침될 뿐만 아니라 공급이 부족한 '서울'에서 답을 찾아야 한다. 서울의 어느 지역이든 재건축·재개발 구역을 중심으로 지도를 찬찬히 들여다보면 그 이유를 깨닫게 된다. 놀랍게도 서울의 방대한 지역들이 재건축·재개발 지역으로 묶여 있다. 이제 서울에는 대규모로 새 아파트를 지을 수 있는 땅도 거의 남아 있지 않다.

1인 가구는 계속 늘어나고 있으며 서울 아파트에 살며 가파른 시세 상승을 경험한 부모들은 자식들이 결혼하면 어떻게든 서울에 아파트를 마련해주고 싶어 한다. 살고 있는 집이 서울 아파트라는 것만으로 누리는 것이 얼마나 많은지를 아는 부모들의 당연한 마음이다. 서울 외곽에서 서울 안으로 들어오려는 수요는 또 어떠한가? 단기적으로 수요가 꺾일 수는 있지만 장기적으로 서울 부동산의 수요는 줄어들기 어려운 것이 현실이다.

부동산뿐만 아니라 모든 가격의 흐름은 수요와 공급의 법칙에서 벗어나지 않는다. 장기적으로 서울 부동산은 공급이 부족하고 수요는 많다. 모든 재건축·재개발이 빠르게 척척 진행되어 단기간에 완료된다면 공급이 한꺼번에 늘어날 것이다. 하지만 그럴 가능성은 희박하다.

저평가된 부동산을 선점하는 전략

부동산 시장은 우리가 죽어서도 존재할 것이고, 우리는 노년이 되어서도 부동산 시장으로부터 자유롭기 어렵다. 그래서 한 번 부동산 투자에 실패했다고 크게 낙담할 이유도, 어쩌다 운이 좋아 크게 수익을 보았다고 자만할 이유도 없다. 중요한 것은 부동산의 가치를 볼 수 있는 눈이다. 미래가치가 높은 부동산을 알아보는 안목만 있다면 결국은 안정적으로 자산을 크게 불릴 수 있다.

부동산의 시세는 미래의 가치를 미리 당겨와 반영하기 때문에 앞날의 변화를 내다보는 능력은 매우 중요하다. 예를 들어 용산 개발을 중심으로 용산의 미래를 들여다보자. 이제 곧 뉴욕 센트럴파크 같은 공원에서 피크닉을 즐기거나 산책을 하기 위해 용산을 찾게 될 것이다. 또한 홍콩이나 상해에서 보던 초고층 빌딩 마천루를 용산에서 보게 될 것이다. 용산의 효창동, 후암동, 이촌동 등은 재건축·재개발이 광범위하게 진행 중이거나 계획되어 있으니 서울에서 가장 핫한 주거지역이 될 예정이다. 2022년 9월 기준으로 용산구의 아파트 가격(3.3㎡당 6,120만 원)이 송파구의 아파트 가격(3.3㎡당 6,102만 원)보다 비싸다는 것만 비추어보아도 새로 들어설 용산구 아파트의 미래가치는 높을 수밖에 없다.

용산의 미래를 예측하고 입지를 분석하는 것은 용산 투자의 첫 단계라고 할 수 있다. 이 책에서는 입지를 한눈에 파악할 수 있도록 각 지역의 호재들을 객관적으로 다루고 지도로 그려 넣었다.

한 장의 지도로 입지를 파악하라

우리는 먼저 지도를 봐야 한다. 재건축·재개발 예정지역, 교통호재, 산업단지 개발만 파악해도 이 동네가 앞으로 어떻게 변할지, 안전하게 투자할 수 있는 곳인지 파악할 수 있기 때문이다.

특히 재건축으로 재탄생할 새 아파트들은 현재 신축 아파트의 시세보다 높을 수밖에 없다. 또한 새 아파트들의 시세가 껑충 뛰어오르면 주변의 낡은 아파트나 빌라도 덩달아 시세가 올라간다.

대규모 재건축 이주 수요를 파악하는 것도 주변 집값을 예측하는 방법 중 하나이다. 이주를 시작으로 그 근처의 집값들이 오르기 시작할 것이기 때문이다.

새로운 교통호재나 개발호재까지 있다면 여기에 날개를 다는 격이다. 복잡하거나 어려운 것이 하나도 없다. 단, 너무 가격이 오르기 전에 선점하기 위해서는 남보다 먼저 알고 실행해야 한다.

나는 상담을 할 때마다 각종 호재, 재건축·재개발 구역 등을 표시한 지도를 펼쳐놓고 설명을 한다. 가장 빨리 그 부동산의 가치를 파악할 수 있는 방법이기 때문이다. 그래서 누구나 이 책의 지도를 보고 쉽고 간편하게 그 지역 부동산의 가치를 파악할 수 있도록 내용을 구성해 보았다. 지도를 중심으로 입지 분석 노하우를 설명해 이해하기도 쉽고 한눈에 서울 핵심 지역 부동산을 파악할 수 있을 것이다.

이런 공부를 해놓으면 미래가치가 높은 부동산을 침체기에 선불리 팔아 두고두고 후회를 남길 일도, 충분히 저렴한 가격으로 나온 매물을 놓쳐버리는 일도 없을 것이다.

서울 부동산 투자, 늘 지금이 기회이다

지금 많은 사람들이 꼭짓점에 집을 사면 어쩌나 하는 공포심에 집을 사지 않고 관망하고 있다. IMF 때처럼 집값이 폭락할 때 사면 물론 좋겠지만 평탄한 시절에도 집을 못 샀던 사람이 IMF 같은 국가 위기 때 덥석 살 수 있을까? 대출이 지금처럼 규제가 심하지 않았던 시절에도, 부동산 시세가 추락하던 경제위기 때도, 사람들은 선뜻 집을 사지 못했다. 더 떨어질 것이라는 공포심과 불안감 때문이다.

서브프라임 직전 같은 꼭짓점에 집을 산 이들도 물론 있다. 그 후로 6년 동은 집값은 하락했다. 이때를 견디지 못하고 집을 판 이들도 많다. 하지만 팔지 않았다면 이후 찾아온 상승장을 즐겼을 것이다.

집을 사고 나서 집값이 떨어지면 마음고생을 할 수는 있다. 하지만 장기적으로 보면 사지 않은 것보다는 훨씬 나은 결과를 낳게 된다. 대한민국의 부동산 시세는 장기 우상향해 왔기 때문이다.

서울은 지금도 관심을 받지 못해 저평가된 곳, 개발이 진행되어 눈부시게 변화하고 있는 곳들이 많다. 실거주라면 더욱이 주저할 이유가 없다. 가장 위험한 것은 이런 기회들을 놓치고 아무것도 하지 않는 것이다. 늘 기회는 지금이다. 지금 할 수 있는 투자를 하면 된다.

"요즘 같은 거래 절벽 시기에 왜 그렇게 바쁘세요?"라는 질문을 많이 받는데, 상승기에도, 하락기에도 기회는 늘 있으므로 특별히 어떤 시기에 한가할 이유는 없다. 중요한 것은 언제건 부동산 시장 안에 있어야 한다는 것이다. 좋은 부동산을 고르는 능력은 투자를 하며 생기는 것이지, 관망하며 앉아서 공부한다고 생기는 것은 절대 아니다.

결국 일본처럼 부동산 거품이 붕괴된다고?

2007년 미국발 금융위기로 부동산 시장은 침체되었고, 정부에서 빚내서 집을 사라고 사정을 해도 매수세는 살아날 기미가 보이지 않았다. 우리도 일본의 잃어버린 20년처럼 장기침체를 겪게 될 것이고 일본 부동산처럼 폭락할 것이라며 절대 집을 사서는 안 된다는 전문가들이 미디어에서 활발하게 활동할 때다.

너도나도 체념하고 있던 2014년에 나는 일본에 다녀왔다. 일본의 부동산 상황이 궁금했기 때문이다. 일본의 긴자는 한국의 명동, 롯폰기힐스는 청담동, 우에노는 방배동과 비교해볼 수 있다. 일본 우에노 부동산 매물들의 시세를 살펴보니, 6m×4m 사거리 코너 땅이 평당 한화로 4,400만 원이었다. 임대료는 17평(방 2칸)짜리가 한화로 월 120만 원 정도였다. 방배동의 12m×4m 사거리 코너 땅은 임대료는 일본과 비슷했지만 평당 2,500만 원에 매물이 나와도 팔리지 않고 있던 시기였다. 임대료는 비슷한데 땅값이 거의 2배 차이가 났던 것이다. 일본은 이미 버블붕괴로 10분의 1 가격으로 떨어진 상태였는데 말이다. 나는 서울 부동산 가격이 거품이 아니라고 확신했고, 한국에 돌아오자마자 자신감을 가지고 부동산 가격이 바닥권이니 현 시세보다 싸게 나온 매물은 사야 된다고 강하게 권하기 시작했다.

그러던 중에 2015년 서초동 한양아파트 402세대가 이주하기 시작했다. 낡은 아파트라 싼 전세보증금으로 살았던 한양아파트 임차인들이 학군은 같은데 상대적으로 저렴한 방배동으로 몰려오기 시작했다. 방 3칸 화장실 2개의 17평짜리 깨끗한 빌라의 전세보증금이

2억 5천만 원 정도였는데 밀려드는 임차인들로 4억 3천만 원까지 뛰어올랐다. 매매금액도 3억 2천만 원 정도에서 5억 원으로 껑충 뛰었다. 그때까지도 대부분의 부동산 종사자들과 일반인들은 동트기 직전의 어둠만을 보고 있었다. 그 시기 나는 앞으로 재건축될 방배동의 빌라들을 고객에게 투자를 권해 많은 매매를 성사시켰다. 실투자금 5천만 원~1억 원이면 살 수 있던 시절이다. 5천만 원, 1억 원으로 강남 아파트의 입주권을 얻게 된 고객들은 저마다 꿈만 같다고들 했다.

이렇게 침체기는 누군가에게는 부자가 될 기회를 만들어주기도 한다. 저평가된 부동산을 살 기회가 많아지기 때문이다. 지금 우리가 부동산을 가장 열심히 공부해야 하는 이유이다.

세상에 내 것은 없다

지식이든 돈이든 내 손에 있다고 내 것이 아니다. 끝없는 소유욕으로 세상에 널려 있는 돈을 악착같이 긁어모아 내 가족들에게 물려줘 봤자 좋았던 사이도 원수가 되는 일들이 허다하다. 생각을 조금만 바꾸면 욕심을 버릴 수가 있다. 둘이 길을 가고 있는데 길에 금덩어리 네 개가 떨어져 있다고 하자. 나는 금인 줄 알아챘는데 옆에 있는 사람은 금인 줄 모르니 그냥 지나치려 하고 있다. 나는 어떻게 할 것인가? 내가 가질 수 있는 금덩어리는 손이 두 개이니 두 개이다. 그럼 옆에 있는 사람에게 금이 얼마나 값어치 있는 물건인지를 설명하여 같이 두 덩어리씩 가져가는 게 좋지 않을까? 그렇게 하면 나는 금 말고도 다른 것도 가져가게 된다. 바로 사람의 마음이다.

이번에는 지식과 정보를 생각해보자. 지식과 정보 또한 내 것이 아니다. 책을 통해서든 어떤 매체를 통해서든 내가 스스로 생성해 낸 것이 아니므로 내 것이 아닌 것이다. 내 머리는 컴퓨터가 아니므로 모든 것을 다 입력할 수는 없다. 나는 다행히도 부동산에 관한 지식과 좋은 정보를 경험을 통해 알아낼 수 있는 방법을 터득해 비교적 많은 것을 담아낼 수 있게 되었다. 하지만 항상 바뀌는 새로운 부동산 정보를 계속 습득해야 하므로 기존에 내 머리에 있던 어떤 지식은 반드시 빠져나가야 한다. 머리도 용량에 한계가 있기 때문이다. 그래서 필요로 하는 옆의 누군가에게 나의 지식과 고급 정보를 아낌없이 주어야 한다. 그렇게 하면 내가 언젠가 그 지식이 필요할 때 나는 잊은 그 정보를 옆 사람이 기꺼이 기쁘게 꺼내줄 것이다.

내가 이 책을 쓰는 이유도 누군가 열심히 나에게 보관한 것을 또 다른 누군가에게 돌려주기 위함이다. 28년 동안 수도권과 주요 지역을 직접 발로 뛰어 정보를 수집해 왔다. 허허벌판인 곳, 막 첫 삽을 뜬 개발 초기 현장을 직접 두 눈으로 확인하며 알짜 정보를 수집했고, 자고 나면 하루하루 부동산 가격이 뛰어오르는 것을 단계별로 경험했다. 나는 이런 경험과 노하우를 아낌없이 기쁘게 나누어 주고 싶다. 세상의 많은 부동산을 어차피 내가 다 살 수도 없다. 내가 기꺼이 나누면 받은 다른 사람이 또 다른 누군가에게 나눌 수 있는 기회가 생기게 된다. 보다 많은 사람들이 기회를 얻고, 기회를 나누기를 바란다.

제갈량

차례

 # 1장. 서울, 아직도 기회는 많다

2장. 자본이 가장 집중하는 곳, 강남

3장. 내가 제2의 강남

4장. 미래가치상승지역

5장. 꿈틀대는 투자지역

6장. 경기도 핵심 투자지역

1장

서울, 아직도 기회는 많다

부동산에 뛰어든 지 28년.
돌이켜보면 부동산 전망은 무한 반복된다.
경기가 좋으면 지금이 꼭지이니 이제 집값이 떨어진다고 하고,
경기가 안 좋으면 이제 곧 부동산 폭락의 시기가 온다고 한다.
그 사이 어떤 사람은 부자가 되고 어떤 사람은 여전히 집이 없다.
그리고 서울은 아직도 기회의 땅이다.

지금 마음이 불안하다면

 # 서울 부동산 시장 흐름을 파악하라

'이제 하락한다는데 집 사도 될까요?'

요즘 '경기침체'라는 말을 자주 듣는다. 28년 전 부동산 투자를 시작한 이래 한 번도 경기가 좋다는 말을 들어본 적이 없다. 심지어 IMF 외환위기가 터지고 2008년 금융위기도 겪었다. 그리고 그런 위기를 부자가 되는 기회로 삼을 것인지, 외면할 것인지는 나의 선택이다.

경기가 좋아지거나 나빠질 것이라는 말보다 우리나라 경제가 어떻게 변화하고 있는가를 이해하는 게 중요하다. 경기가 나빠도 사람들은 열심히 살고 집을 구하고 자식을 가르치려 한다.

극심한 인플레이션과 금리 인상, 경기침체 우려로 부동산 심리가 얼어붙었지만 우리나라에 제2의 IMF 외환위기와 같은 극심한 경제위기가 올 가능성은 희박하다. 설령 비슷한 위기가 온다고 하더라도 IMF 외환위기와는 상황이 다를 것이다.

우리나라 부동산과 금융에는 강력한 규제가 걸려 있다. 부동산 담보대출도 여러 가지 규제로 인해 집값 대비 대출규모가 낮은 편이다. 집값이 떨어진다고 해도 대출을 회수할 수 없을 정도의 위기상황이 대규모로 벌어질 가능성은 크지 않다.

은행은 대손충당금을 충분히 쌓아두었고 정부 재정건전성도 높은 편이다. 위기 상황이 벌어지면 선제적으로 세금완화나 양적완화를 단행할 수 있는 여력이 있는 것이다. 부동산은 특히 규제를 푸는 것만으로도 부동산 거래를 활성화하는 효과를 기대할 수 있을 것이다.

왜 지난 5~6년간 부동산 가격이 올랐을까

부동산 가격이 왜 오르는지를 알면 부동산을 언제 사고 언제 팔아야 할지를 예측할 수 있다. 원인 없는 결과가 없고, 결과가 있으면 원인을 파악해 볼 수 있으니 최근 5~6년간 부동산 가격이 오르기 시작한 원인을 살펴보자. 사실 누구나 찾아보면 알 수 있는 사안이다.

우리나라 대한주택공사가 최초로 대단지 아파트를 짓기 시작한 것은 1973년부터로 3,786가구인 반포주공아파트는 가장 처음 지어진 대규모 아파트이다. 기술과 자원이 부족했던 시절이라 엘리베이터도 없는 5층 연탄보일러 아파트였다. 그 이후로 1976년에는 압구정현대아파트, 1983년에는 개포주공아파트가 들어섰다. 그리고 이렇게 초기에 지은 서울의 아파트들이 30년 이상이 지나자 재건축 대상이 되었다. 그러나 이 아파트들이 재건축 규제로 발이 묶이면서 공급 부족현상을 빚게 되었고 잠재되어 있던 수요가 몰려 2000년대 초 부동산 가격이 폭등하기 시작했다.

다급해진 노무현 정부는 2003년 5·23대책을 시작으로 재건축 후분양제, 투기과열지구 확대, 재건축 조합원 지위 양도 금지에 이어 10·29대책으로 다주택자 양도세를 60%까지 강화하는 강수를 두었다. 그러자 부동산 가격이 폭락하며 매물이 쏟아지기 시작했다.

그러나 이도 잠시였다. 아파트 신규 공급이 적은 데다가 기존 매물의 임대 공급자인 다주택자들을 규제하자 전·월세 매물도 자취를 감췄다. 이 때문에 전세 가격이 폭등하며 덩달아 매매 가격도 천정부지로 오르기 시작했다.

물론 대한민국 전 지역이 오르는 게 아니라 재건축 진행이 지지부진해 공급이 없는 지역이 올랐는데, 특히 서울 위주로 올랐다. 그 결과 다주택자 규제는 다주택자가 지방의 부동산을 먼저 처분하게 하는 결과를 낳았고, 부동산의 지역별 양극화가 심화되었다.

당시 부동산 가격이 2005년 11월 이후 35개월 연속 오르면서 버블 세븐이니 강남 불패니 하는 유행어가 생겨나기도 했다.

이때부터 LTV(주택담보대출비율), DTI(총부채상환비율) 대출규제 등

정부가 할 수 있는 부동산 규제정책을 다 써 보았지만 공급이 부족한 원인을 해결하지 못했기 때문에 백약이 무효였다.

계속 상승할 것만 같았던 부동산 가격은 서브프라임 모기지론 부실에 따른 미국의 금융위기 여파로 건설회사, 금융회사 등 줄줄이 파산하는 등 경기가 침체되며 하락하였다. 상대적으로 거품이 심했던 강남 아파트가 즉각적으로 충격을 받고 가격이 30% 이상 떨어졌다. 거래도 뚝 끊겨 부동산을 급매로 내놔도 팔리지 않자 '하우스 푸어'라는 신조어까지 생겨날 정도였다.

2008년 이후로는 부동산은 투자하는 게 아니라 거주하는 집이라는 인식이 강해졌고, 절대 부동산 투자를 하지 않을 것 같은 분위기가 2014년까지 이어졌다.

그러나 노무현 정부 때 묶어 놨던 재건축·재개발 주택들이 그로부터 10년이 지나 집을 철거하기 위해 이주를 시작하면서 분위기가 급반전하였다.

2015년 2월부터 강남의 서초 한양아파트 402가구를 비롯하여 반포 삼호가든4차아파트 420가구의 이주가 시작되자 가뜩이나 공급이 부족했던 강남 지역 아파트 값이 출렁거리기 시작했다.

반포에서 살던 사람이 이주할 때 가고자 하는 곳은 역시 가까운 강남이다. 직장과 자녀 학교까지 옮기며 이사할 수는 없는 노릇이니 당연한 선택이다.

이처럼 수요가 급증하자 그전에는 반포에서 길 하나 건너에 있는 방배동의 실평수 18평 빌라 전세금이 2억 5천만 원이었는데, 밀려오는 이주 수요로 인해 몇 달 사이에 4억 3천만 원까지 뛰어올랐다.

전세 가격이 뛰어오르니 매매 가격도 덩달아 상승하였다. 이후에도 전세 가격이 매매 가격을 밀어 올리는 현상은 계속 이어졌다.

재건축을 위해서이기는 하지만 일단 살고 있던 집을 철거해야 하니 거주하고 있던 사람들은 어딘가에 머물 집이 필요하다. 집을 철거하니 공급은 부족하고, 전세든 월세든 매매든 어딘가에 들어가 살아야 하는 사람들, 즉 실요자들은 계속 넘쳐나는 상황이 이어졌다.

문재인 정부가 들어서며 폭등하는 부동산 가격을 잡기 위해 온갖 규제를 하였지만, 이 경우는 투기도 아니고 투자도 아닌 실수요자로 인한 상승이라 어떤 정책을 써도 소용이 없었다.

많은 사람이 문재인 정부 정책이 잘못돼서 부동산 가격이 천정부지로 올랐다고 말하지만 누가 대통령이 되었어도 이런 강력한 시장을 결코 이길 수 없었다고 봐야 한다.

다만, 문재인 정부의 잘못이라면 실수요자들에게는 먹히지 않는 수요 억제책을 쓴 것이라 할 수 있다. 정부는 부동산 가격 상승 원인이 재건축에 있다고 보고, 불이 난 발화점인 강남 지역의 재건축에 대한 규제를 강화하고, 수요 억제책으로 대응했지만 이는 근본 원인을 간과한 정책이었다.

지난 5~6년간의 부동산 가격이 급등한 이유는 재건축·재개발 구역이 규제로 진행이 더디자 공급이 부족하고 동시에 수요가 많았기 때문이다. 단순한 경제 원리인 수요와 공급의 법칙에 의해 부동산 가격이 상승한 것이다. 설상가상으로 코로나 펜데믹임에도 불구하고 계속해서 가파른 상승을 보인 것은 정부가 경기 활성화를 위해 시장에 대대적으로 공급한 유동성이 한몫했다고 볼 수 있다.

왜 2022년부터 집값이 내려가고 있는 것일까?

첫째는 수요가 입주 물량, 즉 공급에 비해 현저히 낮아졌기 때문이다. 게다가 양도세 중과 완화로 인해 다주택자들이 던지는 매물까지 더해지다 보니 공급은 더 많아졌다.

둘째는 넘치는 실수요에 이어 투자 수요까지 더해져 그동안 천정부지로 오른 집값이 부담스러워졌기 때문이다.

셋째는 금리 인상과 대출규제로 집값이 하락을 넘어 폭락할 것이라는 심리와 전셋값까지 동반 하락하는 현상에 매수세가 꽁꽁 얼어붙었기 때문이다.

그렇다면 집값은 언제까지 떨어질까? 시장이 정부의 정책을 이기는 경우는 수요가 공급에 비해 월등히 많을 때다. 그런데 수요가 공급보다 많음에도 시장이 정부의 정책에 무릎을 꿇을 때가 있다.

바로 가수요 때문인데, 실수요와 달리 가수요는 외환위기나 금융위기처럼 외부적인 요인으로 환율과 금리가 올라 부담을 느끼면 포기할 수가 있다.

노무현 정부 시기에는 공급은 부족했지만 외부요인인 서브프라임 사태로 가수요가 줄어들어 강력한 규제정책에 부동산 가격이 무너졌다. 반면 문재인 정부 때는 똑같이 공급이 부족했는데 이번에는 이주 수요, 즉 실수요가 늘어나 정책과 무관하게 부동산 가격이 뛰어올랐던 것이다.

가수요는 대출금리 인상과 매수심리 요인에 크게 영향받을 수밖에 없다. 소득에 비해 껑충 뛰어버린 부동산 가격만큼이나 커진 대출이자가 예전에 비해 상대적으로 부담스러워져 섣불리 매수하기가 두렵기 때문이다. 지금도 가파른 금리 상승으로 가수요가 줄어들어 매수세가 꺾이고 가격이 하락하는 중이다.

그러나 2023년 즈음에 인플레이션이 어느 정도 꺾이면 금리는 내려갈 가능성이 높다. 게다가 정부 입장에서는 부동산 침체로 세수가 부족하게 되어 거래를 활성화시켜야 될 필요가 있다.

서울의 25개 자치구 중 2022년 9월 아파트 거래량이 강북구, 광진구, 서대문구 등은 2건이고 나머지 자치구도 10건 이하이다. 이대로 지속되면 정부는 심각한 세수부족을 겪게 될 수도 있다. 정부가 이를 우려해 거래를 활성화시키기 위해서 대출규제와 취득세를 완화한다면 시장은 일시적으로 잠시 반등할 수 있다.

부동산 빅데이터 업체 '아실'에 따르면 서울의 년간 적정 수요량은 4만 7,442가구인데 2022년 입주물량은 2만 3,593가구이고 2023년은 2만 2,485가구, 2024년은 2023년의 절반인 1만 2,573가구이다. 심지어 2025년에는 1,651가구로 입주물량이 없다시피 하다.

정부는 부동산 가격을 하향 안정화시키는 것이 목적이므로 이런 통계를 우려해 대출규제 완화와 취득세 완화는 하기 어려울 것이다. 하지만 부동산 가격이 하락하고 있는 가운데 입주물량이 계속 증가하여 더 가격이 하락한다면 정부도 더 강한 규제 완화책 카드를 꺼낼 수밖에 없을 것이다.

전반적으로 부동산 가격이 하락의 양상을 띄고 있지만 서울의 강남 같은 지역은 매수 대기자들이 늘 있으므로 호재, 이주 수요 등의 이유로 국지적으로 상승하는 곳도 있을 것이다. 지금도 반포 같은 곳은 매물이 나타나기가 무섭게 대기 수요자들에게 신고가를 찍으며 팔리고 있다.

반복되는 부동산의 역사

역사를 알면
미래를 예측할 수 있다

역대 정부의 부동산 정책

우리나라 부동산 정책은 학계 전문가와 현장 전문가들의 의견보다 선거에서 표를 얻기 위한 정치적 판단에 따라 좌우되는 경향이 있다.

부동산 정책은 시장을 냉철하게 보고 합리적인 사고를 바탕으로 장기적 관점에서 정확한 판단을 내려야 한다. 그러나 지금까지의 부동산 정책은 안타까울 정도로 목적과 다른 결과를 낳았다. 가격이 상승하면 규제 강화로 대응하고, 가격이 하락하면 규제 완화로 바로 방향을 틀어버리는 단순한 대응방식은 시장의 혼란을 부추기는 결과를 낳을 수밖에 없기 때문이다.

역대 정부의 부동산 정책을 보면 규제 아니면 규제 완화 두 가지 정책만을 번갈아 내놓았을 뿐이었다는 것을 알 수 있다. 이런 경향은 2000년대 들어 심화되고 있다.

역사는 반복된다는 말이 있다. 따라서 과거를 알면 미래를 예측할 수 있다. 역대 정부의 부동산 정책과 그 가운데 있었던 주요한 일을 짚어 보면 지금의 부동산 정책도 어느 정도 예상할 수 있을 것이다.

이승만 정부(1948~1960)

이승만 정부는 해방 이후 토지개혁을 단행하여 대지주 땅을 소작농에게 유상으로 몰수하여 나누어 줬다. 북한에서 토지개혁을 먼저 실행하여 소작농에게 인기를 얻게 되자 남한도 어쩔 수 없이 토지개혁을 할 수밖에 없었던 상황이긴 했다.

이때 대지주들도 북한의 강제적 토지개혁을 보고 강제로 땅을 빼앗기느니 소작농한테 저렴한 가격으로 주는 것이 명분과 실리를 찾을 수 있다고 생각하여 토지개혁에 동참하였다.

박정희 정부(1963~1979)

산업화 기반을 마련하고자 경부고속도로를 건설하여 전국의 산업도

시와 서울을 연계하였다.

우리나라에 아파트라는 새로운 표준화된 주택을 공급한 시기로 경부고속도로 양옆으로 다량의 아파트를 건설하며 국가 주도의 강남 개발을 본격적으로 착수했다.

이에 따라 부동산 투기 붐이 일면서 '복부인'이라는 신조어가 생겼으며, 아파트가 새로운 주거방식으로 점차 자리를 잡아 갔다.

1979년 입주한 대치동 은마아파트 전용 $76m^2$의 분양가는 1,800만 원이었는데 2022년 8월 10일 실거래가는 25억 7천만 원이다. 무려 142.7배가 오른 셈이다.

전두환 정부(1980~1988)

아시안게임과 88올림픽을 유치하면서 부동산 가격이 폭등한 시기다. 3저호황(저금리, 저유가, 저달러)으로 풍부해진 유동성 자금이 공급이 부족한 부동산으로 몰려 가격이 상승한 것이다. 당시 아파트 시세는 개포동주공 저층 아파트 25평형이 5천만~6천만 원이었고, 압구정 한양아파트 35평이 6,300만~9,300만 원 수준이었다. 서초동 무지개아파트 25평형은 매매 가격이 3,200만~4천만 원, 전세가는 3천만~3,200만 원으로 차이가 약 200만 원 정도에 불과했다.

노태우 정부(1988~1993)

부동산 투기 근절을 위한 토지공개념 개념이 도입된 시기다.

아파트 가격이 폭등하자 전·월세 세입자의 위기감이 고조되었다. 갈 곳이 없었던 일가족이 '가난의 대물림을 벗을 길이 없다.'라는 유서를 남기고 자살한 사건이 내용이 신문에 나기도 했다. 이에 정부는 강력한 투기 근절책으로 토지 공개념 3법을 추진했으며, 재벌들의 부동산 투기를 대대적으로 조사했다.

또한 정부는 공급 부족을 해결하고자 1992년까지 5개 신도시를 개발하여 주택 200만 호를 공급했다. 주변 시세의 반값 이하인 평당 100만~200만 원의 분양가로 대규모 공급이 이뤄지자 과열된 집값은 하락하기 시작했다.

김영삼 정부(1993~1998)

집값이 안정적인 시기에 출범했던 김영삼 정부는 거래의 투명성을 밝히고자 부동산실명제를 도입했다. 또한 명의신탁법을 폐지하고 고위공직자의 부동산 투기 근절을 위해 고위공직자 재산 공개 제도를 도입했다. 그러다 1997년 외환위기가 터지자 가계 소득이 감소하고 대규모 실업이 발생하였다. 경제위기가 일어나자 부동산 수요가 감소하여 아파트 가격은 폭락하였다.

김대중 정부(1998~2003)

외환위기 상황에서 출범한 김대중 정부는 적극적으로 위기 극복에 나섰다. 국가가 망하는 수준의 경제위기를 맞아 정부와 국민이 합심하여 위기를 넘던 시기이다. 국민이 나서서 그 유명한 '금 모으기 운동'을 펼쳤고, 이는 국제 금값을 하락시킬 정도였다. 초유의 경제 국난을 극복하기 위해 온갖 규제를 완화하자 경제는 점차 회복되기 시작했다.

이후 IMF 구제금융을 신청한 유럽의 나라들은 경제위기 상황을 강 건너 불구경하듯 하는 자국민들에게 '외환위기 극복을 위해 온 국민이 너도나도 금 모으기 운동에 앞다투어 동참한 한국을 배우자!' 라며 동참을 호소하기도 했다.

부동산 분야에서는 분양가를 정부가 감시하지 않는 자율화 정책과 분양권 전매 허용, 양도세 한시적 면제 등의 규제 완화정책이 나왔다. 이에 정권 말기인 2002년부터 집값이 꿈틀거리기 시작하더니 급기야 '떴다방'(사무실 없이 천막 친 채 책상만 가져다 놓고 분양받으면 그 자리에서 프리미엄을 붙여 전매하는 중개사무소)이라는 용어가 생길 정도로 과열되었다. 자고 나면 가격이 올라 부동산 시장이 완전 투기장으로 변했던 시기다.

노무현 정부(2003~2008)

부동산 시장이 과열된 상태에서 출범한 참여정부는 곧바로 투기와의 전쟁을 선포하여 강력한 억제정책을 내놓았다.

부동산 투기 열풍을 막고자 LTV, DTI를 도입하여 대출을 규제하고, 보유세율을 높이기 위해 종합부동산세를 도입했다.

또한 다주택자의 양도세 중과와 분양권 전매 금지를 단행하였다. 아울러 공급을 확대하기 위해 수도권 2기 신도시를 발표했다. 김포, 검단, 동탄1·2, 광교, 판교, 위례, 옥정, 운정, (평택) 고덕 등이 지정되었다.

판교를 제2의 강남으로 개발하여 강남 집값을 떨어뜨리겠다는 야심 찬 계획을 세웠지만 비싼 분양가로 오히려 주변의 강남과 분당 집값이 덩달아 오르는 결과만 낳았다.

분양가 상승이 주변 집값 상승을 부추기자 부랴부랴 분양가상한제 법안을 통과시켰지만 유예 기간을 두면서 참여정부에서는 단 1채도 분양가상한제 적용을 받지 않았다.

'부동산 투기로 돈을 벌면 내 손에 장을 지지겠다.'고 하던 노무현 정부 임기 동안 서울 아파트 가격은 56.6%나 상승했다.

이명박 정부(2008~2013)

미국발 금융위기로 아파트 가격이 하락한 시기이다. 참여정부에서 서울 시내의 많은 재건축·재개발 구역을 규제로 묶어 놓으면서 공급 부족 사태가 일어나 부동산 가격이 대폭 상승하고 후유증이 커지던 시기에 집권하였기 때문에 시장에서는 규제정책이 나올 시기로 예상하였다. 그러나 임기 초에 미국발 금융위기가 발생하고 이에 따라 경제위기가 닥치자 아파트 값이 자연스레 하락하였다.

미국발 초대형 금융위기로 각국의 전문가들은 세계 경제가 크게 혼란스러울 것으로 예상했으나 의외로 빠르게 안정세로 돌아왔다. 특히 우리나라는 OECD 국가 중 가장 빨리 위기를 극복할 수 있었다. 1997년의 금융위기를 통한 학습효과로 한국은행이 6차례에 걸쳐 기준금리 인하를 단행하였고 정부의 적극적인 정책과 국가간 통화 스와프를 통해 발 빠르게 대처한 결과였다.

부동산 가격의 급격한 하락을 막기 위해 각종 세제와 재건축 규제를 완화하자 금융위기가 발생한 후 서너 달 하락한 집값이 다시 제자리를 회복하기 시작했다.

이명박 정부는 수요가 많고 입지도 좋은 강남 주변의 그린벨트를 풀어 시세의 거의 절반에 가까운 가격에 보금자리 주택을 공급했다.

강남 요지에 반값 신축 아파트를 공급하니 구축 아파트 가격도 반토막이 날 수밖에 없었다. 설상가상으로 2008년 초반 940원 하던 원 달러 환율이 2009년 3월 1,570원까지 치솟았다. 자녀를 미국 유학 보낸 많은 강남 중산층들은 자녀 유학비와 생활비를 보내기 위해 반값이나 떨어진 주택을 더 싼값에 팔아야 했다.

집을 내놓아도 팔리지 않고 대출 이자 갚기도 힘든 상황에 도달하자 '하우스 푸어'라는 신조어가까지 생겨났다.

박근혜 정부(2013~2017)

집값이 떨어져 하우스 푸어라는 말이 유행하던 상황에서 출범한 박근혜 정부는 부동산 시장 활성화를 위해 '부동산 규제 완화의 끝판왕'이라는 말을 들을 만큼 대규모 부양정책을 폈다.

침체된 부동산 시장을 부양하기 위해 재건축안전진단, 재건축연한 규제를 완화하고, 재건축·재개발 임대주택, 소형주택 의무비율을 대폭 완화하였다.

또한, 대출 기준금리를 1%로 인하하여 빚 내서 집을 사도록 부추기기까지 했다. 2014년 말 마지막 규제 완화 완결판인 부동산 3법을 통과시킴으로써 분양가상한제를 폐지하고, 재건축초과이익 환수법을 3년 유예하였으며, 재건축 시 1가구가 3채까지 받을 수 있도록 하였다.

대규모 규제 완화로 부동산 가격이 꿈틀거리더니 2015년 초 강남발 재건축 이주가 시작되면서 부동산 가격은 급등하기 시작했다.

문재인 정부(2017~2022)

박근혜 정부가 넘긴 폭탄을 한아름 안고 시작한 문재인 정부는 부동산 억제정책을 대대적으로 펼치기 시작했다.

치솟는 집값을 잡기 위해 30여 차례나 부동산 대책을 내놓았지만, 백약이 무효였다. 집값이 오르는 근본 원인을 파악하지 못한 것이 원인이었다.

집값 폭등의 원인을 투기 때문이라고 보고, 출범 때부터 다주택자 전체를 적폐 투기세력으로 단정하여 세금 폭탄이라는 말을 들을 정도로 세제를 강화했다.

실제 집값 폭등의 주요 원인은 노무현 정부 때 재건축·재개발의 발을 묶어 놓아 공급 부족의 결과를 가져왔고, 그로부터 10년이 지난 문재인 정부에서 이주를 해야 하는 단계에 와서 실수요가 증가했기 때문이다. 이주를 해야 하는데 갈 곳이 턱없이 부족하니 가격이 상승하였던 것이다. 이는 경제 원리인 수요와 공급의 법칙만 알아도 누구나 알 수 있는 것이다.

문 정부는 서울 주택공급률이 96%나 된다고 하였지만 2018년 기준 자가주택 보유율은 49%에 불과했다. 대다수의 소비자들은 신상품을 원한다. 낡은 주택에 사는 사람은 새로 지은 집에 살고 싶기 마련이다.

2020년 6월 기준 서울 동남권(강남, 서초, 송파, 강동)에 5년 동안 85만 호가 필요한 상황이었다. 하지만 5년 동안 서울시 전체 계획은 9만 호로 턱없이 부족했다. 또한 공급이 부족한데 2014년 폐지되었던 양도소득세 강화로 다주택자들은 시장에 매물을 내놓지 않았고, 대출규제로 정작 필요한 실수요자들이 주택을 구매하지 못하게 되는 부작용만 나타났다. 그 결과로 집값은 계속 상승세를 이어갔다.

산업화 이후 경제규모가 급상승하며 부동산 시장 또한 꾸준히 우상향 그래프를 보이며 상승해 왔다. 이는 자연스러운 자산 가치의 상승이다.

그러나 정부는 5년이라는 정권 차원의 단기적 안목에서 시장의 과열과 침체를 못 견디고 시장에 개입하여 규제 또는 완화정책을 시행해 왔다. 정부의 인위적이고 과도한 시장 개입이 후일 더 커다란 후유증을 낳는 일이 반복되고 있음을 역사는 보여준다.

잠깐 왔다 사라질 기회 잡는 법

앞으로 3년,
서울의 핵심지역을 노려라

사장과 정책에 흔들리지 않는 투자법 찾기

관료의 사익 추구를 폭로한 제임스 M. 뷰캐넌은 관료와 정치인이 공
공이익에 복무하는 게 아니라 이기적인 목적과 이유에 따라 정책을
만들고 집행한다는 '공공선택이론'으로 1986년 노벨경제학상을 받
았다. 공공선택이론이란 핵심만 말하자면 정치인이나 고위공무원들
은 입으로는 거창하게 국민을 위한 정책을 편다고 말하지만 실제로
는 자기 잇속 챙기기에 급급하다는 것이다.

이 이론은 36년이나 지났지만 오늘날의 정치·경제 상황에도 그대로 적용해볼 수 있다. 자신의 재선이나 소속 당을 위해서 움직이는 정치가들은 국가를 위해서, 약자를 위해서 각종 세금을 인상한다고 외친다. 정부 조직은 점점 커져 몸집을 거대하게 불린 채 재정적자만 눈덩이처럼 불어났다.

이제는 많은 국민들이 이런 사실을 인지하고 있지만 개인이 커다란 국가를 상대하기엔 역부족이다. 그래서 우리는 국가 정책을 역행하려고 하기보다는 정책이 계속 바뀌어도 흔들림이 없고 리스크가 적은 투자 방법을 찾아야 한다. 마찬가지로 주기적으로 찾아오는 지금 같은 부동산 불황에도 수익을 낼 수 있는 부동산 투자를 해야 하는 것은 물론이다.

특히 하락기에는 서울 도심 핵심지역이 답이다

앞으로 3년은 크게 보면 전반적으로 부동산 가격이 하락하다가 보합으로 갈 것이다. 하지만 국지적으로 보면 기대 수요나 이주 수요가 있는 지역의 부동산들은 그때마다 단기 상승을 보일 것이다. 이렇게 불확실한 부동산 시장에서는 안정적인 서울, 그중에서도 선호도가 높은 도심 한복판에 투자해야 한다.

인기 투자지역 주변을 노려라

이 책에 소개한 곳들은 대부분 여러 개발호재가 겹쳐 한창 이목이 집중된 곳들이다. 하락기이든, 상승기이든 상관없이 결국 오를 곳을 찾기 위해서는 투자수요가 몰리는 곳보다는 그 주변을 살피는 게 좋다. 예를 들어 마곡지구보다는 방화뉴타운이, 노량진뉴타운보다는 상도동 개발구역이 더 높은 시세차익을 낼 가능성이 높다.

실거주라면 불안할 것 없다

가장 안정적인 투자는 실제로 거주할 집을 사는 것이다. 오르든 내리든 상관없이 편안하게 거주할 집이 하나는 있어야 한다. 실거주가 아닌 투자라면 이런 불황에 섣불리 결정하기 어려울 수 있지만 실거주라면 더없이 좋은 기회이다.

그러나 최저점에 집을 사려고 하면 결국 매입할 수가 없다. '바닥'은 그 누구도 알 수 없기 때문이다. 지나 봐야 알 수 있는 것이 저점이다. 하락기엔 집값이 더 떨어질까봐 못 사고 다시 상승하면 전에 봤던 싼 가격이 눈에 선해 사지 못하는 사람들이 너무나 많다.

물론 실거주할 집을 살 때도 입지 분석은 필수다. 학군, 직주근접 등 모든 입지 조건을 따져 보고 미래가치가 높다고 판단된다면, 뉴스에서 끝없이 추락할 것 같은 어조로 '폭락', '위기', '반토막 아파트' 등의 단어들을 쏟아낼 때 공포심을 이겨내고 집을 사면 된다.

투자금이 많지 않다면 아파트가 될 빌라를 노려라

처음부터 내가 원하는 지역의 아파트를 사려고 하면 높은 가격에 지레 겁을 먹고 포기할 수 있다. 자금이 넉넉하면 언제든지 원하는 아파트를 사면 되지만 대부분은 적은 돈으로 번듯한 아파트에 살기를 원한다.

투자금이 넉넉하지 않다면 언젠가는 아파트가 될 저렴한 빌라를 사서 시간에 투자를 하면 된다.

"언제 아파트에 들어갈 수 있나요? 10년은 기다려야 하는 건 아닌가요? 늙기 전에는 들어갈 수 있는 거예요?"라고 묻는 사람들이 많다. 하지만 막상 재건축·재개발이 완료되어 입주하거나 큰 시세차익을 보고 매도한 고객들은 시간이 순식간에 지나갔다고 이야기한다. 재건축 빌라에 투자하고 7년을 기다려 입주하게 된 한 고객은 의외로 7년이라는 시간이 언제 지났는지 모르겠다며 새 아파트에 살게 되었다고 기뻐했다.

그러나 시간에 투자하려고 하는 사람은 생각보다 많지 않다.

위기가 곧 기회

불황에는 급매를 노려라

지금이 다시 오지 않을 기회

극심한 인플레이션에 대응하여 미국 연방준비위원회가 금리를 대폭 인상하고, 경기선행지수가 6개월 연속 하락하면서 경기침체 우려가 커지고 있다. 한국도 추가 금리 인상에 대한 우려와 거래 침체로 전국 아파트 매매가와 전셋값이 2012년 5월 이후 10년 4개월 만에 최대폭으로 하락했다.

국내 대출금리가 가파르게 뛰어오르면서 소위 영끌(영혼까지 끌어

모음) 투자를 한 청년층과 영세 자영업자들의 대출 연체율이 치솟고 있다는 한국은행의 분석이 나왔다.

이렇게 집값 하락 우려가 확산되면서 거래가 되지 않는데 이 와중에 집을 사는 게 과연 맞는지 선뜻 결정하기가 쉽지 않을 것이다.

하지만 과거 국가 부도 위기의 시기에도 거래가 없지는 않았다. 우리는 이 위기 속에서 틈 사이로 반짝반짝 빛나는 보물을 발견하면 된다.

불황 속의 보물은 바로 급매이다. 경매도 급매일 때 낙찰받아야 하니 경매나 급매는 같은 단어라 할 수 있다.

전제 조건은 대중매체에서 '집값이 반토막이 났다.'는 말이 나돌 때이다. 침체기에는 실제로 매매가 거의 이루어지지 않는 상황에서 몇몇 매매의 최고가와 최저가를 비교하여 반토막이라며 신문에서 호들갑을 떨게 마련이다. 이런 기사는 저가 부동산을 살 수 있는 신호로 봐야 한다.

경매는 선행 시장이기 때문에 남들이 오른다고 느낄 때는 이미 늦는다. 더 떨어진다고 모두들 몸을 사리고 있을 때, 딱 한 번의 기회만 있다고 생각하는 것이 좋다. 새 아파트가 될 재건축·재개발 지역의 물건이면 금상첨화이다.

내가 잘 알고 있는 재건축·재개발 지역의 물건을 경매 사이트에 들어가서 찾아보는 노력 정도는 해야 한다. 이 책에 소개한 지역 분석과 지도가 많은 도움이 될 것이다. 평소에 입지와 호재를 잘 분석해 놓아야 위기 속에서 기회를 찾을 수 있다.

예전에는 재건축·재개발이 어느 정도 진행되면 경매장에 사람들이 벌떼같이 달려들어 시중에 있는 급매보다 더 높게 낙찰받는 경우가 많았다. 그런데 간혹 잘 알려지지 않은 정비사업장이 있을 때가 있다. 경매 사이트 물건 조회수가 생각보다 적을 때가 그때다. 이때가 기회라 생각하고 경매에 참석해 보는 것이 좋다.

사례 1: 방화5구역 재건축 경매물건

2020년 5월에 부동산 시장이 잠깐 주춤할 때가 있었다. 기회라 생각하고 경매 사이트를 보던 중 마곡지구 앞의 방화5구역 물건이 눈에 확 들어왔다. 방화5구역은 2019년 7월에 조합설립인가 난 지역으로 28개 동 1,657가구의 아파트가 들어설 사업지역이다.

대지지분이 22.17평이고 전용면적이 25.65평으로 12명이 입찰에 참여해 아슬아슬하게 약 300만 원 차이로 6억 5,480만 원에 낙찰받게 되었다.

이 물건은 10억 원 정도의 시세차익을 볼 수 있는 정말 좋은 물건이었다. 놀랍게도 감정가 100%일 때 6억 2천만 원이었는데 한 번 유찰돼 4억 9,600만 원까지 떨어졌던 물건이다. 이런 좋은 물건이 유찰된 것이 의아하겠지만 아무도 보지 못하고 지나치는 보물이 간혹 있는 경우가 있다. 사람인지라 아무리 경매지를 뚫어져라 쳐다봐도 의외로 놓치는 부분이 생기는 것이다.

여기서 잠깐 이 경매물건을 예로 들어 시세차익을 계산하는 방법을 알아보자. 이 정도는 계산할 줄 알아야 보물을 찾을 수 있다.

먼저 34평형을 분양받기 위해 내는 추가분담금을 계산해보자. 아직 사업시행인가 전이므로 조합원분양가와 비례율 등은 인근 완료된 재건축 사례를 참고하여 계산하였다.

추가분담금은 34평형 조합원분양가 약 7억 3천만 원에서 권리가액을 뺀 금액이다. 권리가액은 감정평가금액에 비례율[(총 분양금액 − 사업비용)÷종전 자산평가 총액×100]을 곱하여 산출한다. 감정평가는 사업시행인가가 난 시점에서 이루어진다. 이것은 감정평가법인이 직접 평가하며, 추후 관리처분예정 통지 때 조합원에게 공지한다. 인근 완료된 재건축 사례에서 감정평가금액이 공시가격의 약 170%~180%였다고 하니 이를 참고하여 계산하였다. 이 물건의 개별주택공시가격이 3억 1천만 원이니 여기에 170%를 곱해 감정평가금액을 대략 산출하고 여기에 비례율 약 107%를 곱하면 권리가액은 5억 6,400만 원이다. 따라서 추가분담금은 1억 6,600만 원이다.

이에 따라 실질적으로 투입하는 총 금액은 8억 2,080만 원이다.

> **실투자금**
>
> 경매낙찰가 654,800,000원 + 추가분담금 166,000,000원 = 820,800,000원

재건축 완공 시 방화동 대장주가 될 방화5구역 신축 아파트 예상 가격은 18억~20억 원 사이이다. 따라서 집값이 내려갈 것을 감안하더라도 완공됐을 때 시세차익은 약 10억 원 정도라고 할 수 있다.

> **시세차익**
>
> 신축 아파트 예상 가격 18억 원 − 실투자금 약 8억 2천만 원 = 약 10억 원

사례2: 상도15구역(가칭) 재개발 경매물건

사실 꼭 지금 같은 불황이 아니어도 기회는 늘 있다. 지금이 적은 돈으로 많은 시세차익을 볼 수 있는 기회라고 생각하자.

얼마 전 아직 대부분의 사람들이 재개발을 위해 동의서를 받는지조차 잘 모르는 지역인 가칭 상도15구역에 경매 물건이 나왔다. 경매 입찰일은 2022년 4월 28일이었다. 대선 이후 규제 완화 기대감으로 강남 3구를 중심으로 주택 매매값과 전셋값이 소폭 상승할 때였다.

감정평가일은 2021년 1월 6일이었고 감정 당시는 그야말로 아무런 호재도 없고 관심도 없는 지역의 빌라일 뿐이었다. 그래서 감정가

격이 시세보다 저렴한 가격으로 나온 것이다.

때마침 목동의 한 동짜리 아파트에 1억 원을 투자해 2년 만에 5억 원의 수익을 올린 고객 박○○ 님이 친구 최○○ 님과 함께 나의 사무실을 방문했다. 박○○ 님이 짧은 기간에 고수익을 낸 사실을 알게 된 최○○ 님은 '나도 돈은 없지만 투자해 보고 싶다.'는 간절한 눈빛을 보내왔다. 친구 최○○ 님은 가진 현금은 적고 부천에 대출이 있는 아파트를 소유한, 열심히 사는 미혼이었다.

상도15구역 물건을 설명하며 재개발을 하여 아파트가 되면 10억 원 정도의 시세차익을 낼 수 있음을 계산해 보여줬다. 최○○ 님은 직장이 서울이라 현재 부천에서 출퇴근하기 너무 힘들다며 무슨 수를 써서라도 몸테크를 해볼 테니 꼭 받게 해달라고 했다.

경락자금은 부천 아파트를 후순위 담보로 1억 원 정도 대출을 받고, 경락잔금도 대출받기로 계획을 세워 입찰에 참여하기로 했다. 최○○ 님의 자금이 부족해 최소한의 가격을 써야 해서 내가 직접 서울중앙지방법원에 갔다. 그런데 경매장에 도착한 나는 깜짝 놀랐다. 부동산중개업과 경매를 28년 동안 해왔지만, 서울중앙지방법원에 입찰 참여자가 그렇게 적은 것은 처음이었다. 사람이 다섯 명 정도만 앉아 있어 '오늘 경매 입찰일이 아닌가?' 할 정도였다. 아무리 봐도 최○○ 님이 운이 엄청 좋은 사람인 것 같았다. 그로부터 한 달 후에도 서울중앙지방법원 경매장에 갔는데 역시나 사람이 복도까지 꽉 차 있었다. 그래서 딱 한 번의 기회만 있다고 하는 것이다.

2016년 준공된 신축 건물 5층이고, 위반 건축물로서 100% 감정가격이 2억 9천만 원이었다. 선순위인 전세금액은 2억 5천만 원이었다. 선순위 전세금액에 7천만 원을 더해 3억 2천만 원을 쓰려다 생각을 바로 바꿔서 감정가격 100%에 88만 원을 더해 2억 9,088만 원을 썼다. 단독 입찰을 예상했기 때문이다. 혹시나 누군가 입찰할 수도 있어 88만 원을 더 썼지만 역시나 단독 입찰이었다. 잔금을 치르고 임차인을 만나니 전세금을 2천만 원 더 올려줄 테니 계속 거주하고 싶다고 했다. 4개월이 지난 지금은 신속통합기획 재개발 공모에 신청하고자 동의서를 60% 이상 걷었다고 한다. 집값은 이미 1억 5천만 원 이상 올라서 최○○ 님은 사무실에 올 때마다 싱글벙글이다. 이렇게 불경기가 아니어도 좋은 보물을 얻게 되는 수가 있다.

매도인이 내놓으면서 "급매로 팔아주세요!" 하는 물건은 급매 물건이 아니다. 매수인이 그 가격 이하로는 안 떨어질 것이라고 확신하는 물건, 아무리 불경기라도 오늘 사서 내일 팔아도 손해 보지 않고 팔릴 수 있는 물건이 바로 급매 물건이다.

우리만 간과하는 서울의 가치

서울 부동산의 거품이 붕괴된다고?

우리 사회는 급격히 노령화되고 1인 가구가 증가하고 있다. 자금을 쥐고 있는 중년 세대는 급격히 나이가 들어가고 젊은 층은 결혼을 하지 않는다. 신혼부부가 아이를 낳지 않는 경우도 점차 늘어가고 있다.

부동산이 중요한 자산이니 이를 둘러싼 전망도 다양하다. 인구가 줄어드니 부동산 가격 또한 하락할 수밖에 없다는 주장이 나오고 반대편에는 지난 40여 년 꾸준히 올랐으니 부동산은 늘 오를 것이라는 부동산 불패론도 있다.

부동산 시장만큼 온갖 이론과 예측이 쏟아져 나오는 곳도 드물 것이다. 앞날을 예측할 수 있는 사람은 없다. 하지만 현재를 제대로 바라볼 수는 있다. 지금의 서울은 어떤 도시일까? 서울이라는 도시를 제대로 보려면 서울 밖으로 벗어나서 봐야 한다.

서울은 세계 10대 도시로 꼽히는 대도시다. 대한민국은 선진국들의 모임 OECD에서 여러 부문 상위에 드는 나라이고 그 나라의 수도가 서울이다. 인구 1천 만에 달하는 대도시로 교통과 치안, 기타 여러 부문에서 경쟁력을 갖춘 도시다. 외국인 여행자들은 서울만큼 안전한 대도시가 드물다고 말한다.

서울의 잠재력 또한 가늠해 볼 수 있다. 우리는 남북분단으로 본의 아니게 섬나라가 되었다. 지리적으로는 대륙이지만 심리적으로는 일본과 같은 섬나라이다. 외국에서 서울에 오려면 비행기를 타야 하고 원유나 가스와 같은 자원을 사면 배로 싣고 와야 한다.

남북이 화해 교류를 하면 서울은 대륙의 도시가 된다. 철도로 유럽까지 이어지고 대륙의 풍부한 자원이 값싸게 들어올 수 있다. 서울이라는 도시가 가진 가능성은 아직도 무궁무진하다는 뜻이다.

서울 강남의 부동산 가격이 급등하여 평당 1억 원을 넘어서자 미친 가격이라고들 했다. 하지만 아시아에서 서울과 같은 선상에 꼽히는 홍콩과 상해의 부동산 가격과 비교해 보면 이해할 수 있다. 홍콩이나 상해의 고가 주택은 40억 원에서 50억 원을 호가한다.

서울 부동산도 옥석 고르기가 중요

지난 20여 년 전 서울의 아파트는 우상향 파동곡선을 그리며 꾸준히 가격이 올랐다. 그러나 서울의 모든 아파트가 같은 곡선을 그리는 건 아니다. 같은 서울이라도 지역에 따라 곡선의 모양이 달라진다.

한쪽이 급격히 올라갈 때 잠잠하다 뒤늦게 오르기도 하고 10년 전이나 지금이나 별 차이가 없는 곳도 있다.

같은 강남 아파트를 매입하더라도 시기에 따라 몇 년간 오히려 손해를 보는 경우도 있다. 반면 아파트보다 선호도가 훨씬 떨어지는 빌라를 사서 평균 이상의 수익을 누리는 이도 있다.

같은 서울이지만 어떤 지역은 아파트가 들어서고 깨끗한 기반시설과 좋은 학군, 높은 생활수준을 갖춰가는 곳이 있고 어떤 지역은 20여 년이 지나도 비슷한 상태로 남아 있다. 무엇이 이런 차이를 낳는지 그리고 앞으로 서울은 또 어떻게 변화할지 예측하는 건 인생을 설계하는 데 필수라고 할 수 있다.

서울은 끊임없이 변화한다

강남 논밭이 개발되어 천지개벽을 이룬 과거를 이야기하며 그때 강남에 땅을 샀어야 했는데 하고 후회하면서도 강남 개발 못지 않은 대규모 개발이 지금도 서울 여기저기서 진행 중이라는 사실은 간과하는 경향이 있다.

마곡지구를 예로 들어보자. 1970년대 강남 개발 이후로 마곡 개발처럼 큰 호재는 없었다. 논밭뿐인 허허벌판에 거짓말처럼 들어선 마곡지구는 일자리부터 교통, 주거, 환경, 상업까지 모든 호재를 다 거머쥔 곳이다. LG그룹, 이랜드, 코오롱, 대우조선해양, 에쓰오일 등 대기업과 중견기업 등 약 170개 업체가 입주했거나 입주할 예정에 있다. 호텔과 컨벤션센터를 비롯한 MICE 산업시설 등도 예정되어 있어 앞으로도 고급 일자리는 점점 늘어날 것이다.

용산은 또 어떠한가? 머지않아 용산에 초고층 빌딩들이 그린 스카이라인을 보며 뉴욕 센트럴파크 같은 공원에서 산책을 즐길 날이 올 것이다.

서울은 끊임없이 변화한다. 지하철 구간이 새로 개통되고 경전철이 추진되는 등 교통망은 계속하여 늘어나고 재건축, 재개발, 도시재생 사업이 이뤄지고 있다. 안에서 사는 이들은 체감하지 못하지만 몇년 동안 해외에 있다가 들어온 사람은 서울의 변화를 실감한다.

서울 부동산도 소액으로 투자할 수 있다

몇 년 전만 해도 방배동 빌라 구입을 권유하면 대개 망설이고 투자를 주저하였다. 빌라는 가격이 오르지 않는다는 오랜 고정관념 때문이었다. 같은 빌라지만 수요와 연관지어 생각하면 달라진다. 강남은 포화상태이고 가격 또한 높아 진입에 부담을 느끼는 이들이 대안으로 찾는곳이 방배동이었다. 게다가 재건축이라는 호재도 있다.

그때 방배동 빌라에 투자한 분들은 많은 수익을 냈다. 전세를 안고 1억 원을 실투자해 매입한 분이 몇 년 사이 10억 원이 올라 큰 시세차익을 본 적도 있다.

서울이라고 해서 엄청난 금액이 있어야 투자할 수 있다는 건 고정관념일 뿐이다.

3~4년 전에는 목동에 적은 돈으로 투자할 수 있는 매물들이 있어 자금이 충분하지 않은 고객들에게 소개하곤 했다. 한 번은 치킨집 아르바이트로 5백만 원을 모은 청년이 찾아와 목동 빌라를 소개하였다. 매매가는 1억 4,500만 원이었고, 전세금 1억 4천만 원을 안고 매입하여 실투자금은 5백만 원밖에 안 들었다. 청년은 자신이 직접 등기까지 하여 매입 비용을 최소화하였다. 1년 후 전세가가 올라 원금을 회수하고 현재 보유 중이다.

목동 지역의 빌라는 오래되어 가격이 낮게 형성되어 있다. 인근 아파트와 대비하여 가격은 50% 미만이다. 반면 좋은 학군을 찾아온 사람들이 꾸준하기에 전세가는 높다. 매매가와 전세가의 차이가 매우 적은 것이다.

또한 학군 때문에 수요가 줄지 않으니 역전세난을 염려하지 않아도 된다. 매입 후 전세 만기가 되어 새로운 세입자를 구할 때는 원금을 회수할 가능성이 높은 지역이다.

목동 아파트들은 노후되어 재건축을 기다리고 있다. 대단지이니 이주 수요는 대폭 늘어날 것이다. 이 가운데 자녀의 학업을 이유로 멀리 가지 못하는 이들은 인근 빌라에 전세로 들어가야 한다. 수요가 많아져 전세가가 올라가면 자연히 매매가도 올라간다.

수요를 예측하라!

부동산 가격을 결정짓는 입지 조건

누구나 살고 싶어 하는 지역 찾아내기

수요와 공급 법칙에서 중요한 것은 수요이다. 아무리 공급이 적어도 사고자 하는 수요가 없으면 가격은 제자리에 머물 것이다. 그렇다면 부동산 수요는 어떻게 예측할까? 누구나 살고 싶어 하는 지역을 어떻게 알아낼 수 있을까?

수요에는 사람들의 심리가 작용한다. 더 좋고 더 편리한 곳에서 살고 싶은 게 모든 사람의 마음이다. 살고 싶은 곳은 사람들이 몰리기에 공급보다 수요가 높고 당연히 가격이 올라간다. 따라서 지역에 따른 수요와 공급 상황을 정확하게 바라보는 눈이 필요하다.

같은 서울이라도 수요가 몰리는 곳은 따로 있다. 왜 사람들이 그 곳을 선호할까? 수요를 가늠할 수 있는 기준은 다음 요인들이다.

1. 일자리

2018년 기준 통계청 자료에 의하면 서울 전체 종사자 수는 456만 명이고, 그중 강남 3구(강남, 서초, 송파)의 종사자 수는 139만 6,319명으로 서울 전체 종사자 수의 30.5%에 달한다. 강남 3구의 부동산 불패신화는 일자리가 만들어 냈음을 알 수 있다.

좋은 일자리가 있는 곳의 부동산 가격이 오르는 건 당연하다. 지방이더라도 대기업이 있는 지역은 꾸준히 수요가 일어난다. 좋은 일자리가 많다는 것은 그 지역의 경제적 수준이 평균 이상이라는 것이고 상가나 제반환경 또한 그에 맞춰 올라간다고 보면 된다. 그러므로 꾸준히 원하는 사람이 나타나는 것이다.

일자리가 많은 지역은 초고층 빌딩이 많다 보니 땅값이 비싸 주거지역이 많지 않다. 공급은 적은데 직장과 가까운 집을 원하는 사람들은 많으니 가격은 꾸준히 상승할 수밖에 없다.

2. 교통

일자리에 빠르게 갈 수 있는 교통과의 접근성이 좋은 곳의 수요는 늘 꾸준하다. 예를 들어 양질의 일자리가 많은 강남으로의 출퇴근이 편리한 전철 2, 3, 7, 9호선이 통과하는 지역의 수요는 풍부할 수밖에 없다.

3. 교육환경

우리나라 아파트 가격을 좌지우지하는 가장 중요한 것이 학군이다. 요즘에는 초등학교는 물론 유치원까지 따진다. 여기에 특목고를 몇 명 보냈는지가 중요한 중학교와 서울대를 몇 명 보냈는지가 중요한 고등학교가 중요하며 더불어 학원가가 얼마나 형성되었느냐도 크게 좌우한다.

강남으로 쏠리는 현상을 분석할 때도 항상 먼저 꼽는 것이 학군이다. 학군은 이제까지는 물론이고 앞으로도 오랫동안 서울의 부동산 가격에 큰 영향을 미칠 요인이다.

교통이 좋은 역세권에는 유흥업소나 PC방 등 청소년에게 유해한 시설이 많을 수 있어 오히려 아파트 가격이 낮게 형성되기도 한다.

4. 생활환경

주변에 편의시설인 마트, 병원 등이 있어야 한다. 소비 수준이 높아진 요즘은 백화점을 슬리퍼 신고 갈 정도로 가깝게 있다는 의미로 '슬세권 프리미엄'이라는 말까지 있다.

5. 자연환경

선진국으로 진입할수록, 고령화가 심해질수록 건강을 중요시한다. 인공호수, 공원, 녹지 공간의 필요성은 점점 높아져 가고 있다.

이 모든 입지가 완벽하게 갖춰진 곳이 강남이다. 괜히 강남의 아파트의 가격이 비싼 것이다. 더불어 강남 출퇴근이 용이한 지역들의 집값도 덩달아 오를 수밖에 없다.

이 다섯 가지를 그냥 한 단어로 요약하면 바로 '수준'이다. 그 지역에 사는 이들의 학력 수준, 소득 수준이 높을수록 집값이 높다. 학력이 높다고 소득이 높은 건 아니지만, 소득 수준이 높으면 대체로 학력 수준이 높다. 현재 그 지역에 어떤 사람들이 살고 있고 어떤 사람들이 들어오는가를 지켜보면 부동산 가격을 예측할 수 있다.

강서구 마곡지구에는 대기업 연구단지들이 들어섰다. 우수한 인력들이 들어오면 자연스레 학군이 형성이 된다. 이 지역에 사는 사람들의 수준은 평균 이상일 가능성이 높다. 그 수준은 부동산 가격으로도 이어진다.

마곡지구는 이미 시세가 많이 올라 있다. 그러나 인근 가양이나 방화에는 상대적으로 투자 가치가 높은 매물이 있다. 지금은 오래된 빌라나 낡은 아파트이지만 마곡지구의 수준이 점차 옆으로 확산되면서 앞으로 개발될 가능성이 높다.

　이렇듯 한 번 그 지역의 수준이 형성되면 쉽게 바뀌지 않고 수준이 높아지면서 옆으로 확산되는 경향을 보인다. 이런 시각으로 보면 서울 지역 부동산의 투자가치를 분석하는 데 많은 도움이 된다.

　현재 서울의 부동산은 조정기를 맞고 있다. 그럼에도 실제 수요와 공급과의 상관관계를 면밀히 따져본다면 기회를 발견할 수 있을 것이다. 새 아파트에 대한 열망, 강남에 살고 싶은 열망, 서울에 아파트를 마련하고 싶은 열망으로 창출되는 수요는 끝없이 넘쳐난다. 조정기는 늘 있었고, 지금도 예전과 다르지 않다. 언제나 부동산 흐름은 반복된다.

부동산 투자하기 전 알아두어야 할 것들

아는 만큼 보인다

부동산 투자의 첫걸음은 객관적으로 시장을 보는 안목을 가지는 데 있다. 시장에는 수많은 전문가들과 관계자들이 내놓은 예측과 정보가 돌아다닌다. 이를 분별하여 옥석을 추려내는 안목부터 길러야 한다. 아는 만큼 보이는 법이다.

　부동산 전망은 항상 낙관론과 비관론이 교차하여 존재하며 사람은 믿고 싶은 대로 보고 들으려 한다. 자신이 믿고 싶은 정보만 보고 반대편에 있는 정보는 평가절하 하는 것이다. 이런 심리는 자신의 상황에서 유리한 정보를 실제 가치보다 더 부풀려 받아들이려는 태도로 나타난다.

실제로 현재 부동산 투자를 하고 있거나 집을 가지고 있는 사람은 앞으로도 더 오를 것이라는 평가에 주로 주목한다. 반대로 지금 집이 없는 사람은 부동산 가격이 떨어질 것이라는 부정적 전망을 새겨듣는다. 이런 오류에 빠지지 않으려면 아는 수밖에 없다. 알면 알수록 흔들리지 않는다.

부자들은 위기를 기회로 만든다

문재인 정부는 연달아 강력한 부동산 규제정책을 내놓았다. 분양가 상한제 카드까지 내놓고 그래도 시장이 과열이라고 판단하면 그 이상의 조치를 취하겠다고 엄중 경고하고 또 경고했다. 부동산을 재산 증식의 수단으로 삼는 것에 대한 부정적 시각 또한 그 어느 때보다 강했다. 그러나 아파트 값은 폭등하였고, 집 없는 사람들이 자신을 '벼락거지'라 칭하며 자조하는 씁쓸한 상황만 연출되었다.

지금의 정부는 각종 부동산 규제를 완화하고 있고 재건축·재개발 규제 또한 완화하려는 움직임을 보이고 있다. 하지만 부동산 시세는 하락하고 있는 실정이다.

정부 정책은 부동산 가격변동에 직접적인 영향을 미치는 요소이긴 하다. 하지만 부동산 가격의 흐름은 정부가 의도한 대로 흘러가지 않는다.

막상 정부의 속내를 보면, 세수는 늘려야 하고, 선거에서 부동산 정책으로 유권자의 마음을 얻어야 하기에 표를 부르는 공약을 내걸지 않을 수 없다. 부동산 가격이 지나치게 오르면 규제를 해서 안정시키려고 하지만, 그렇다고 보유세를 일제히 높게 책정할 수는 없다. 각종 규제를 내놓아도 거래절벽이 지속되어 세금이 대폭 줄어드는 것도 원하지 않는다. 그래서 항상 규제 속에서도 빈틈이 있기 마련이다. 숨구멍을 열어주는 것이다. 그래서 그 구멍을 더 많이, 더 빨리 아는 자들이 투자로 수익을 얻게 된다.

하락이 있으면 다시 상승이 있게 마련이다. 주가가 파동곡선을 그리며 오르내리듯 부동산 또한 그렇다. 부동산 투자로 성공을 거둔 이들은 대개 침체기에 오히려 시장을 유심히 들여다보고 투자처를 찾아낸 사람들이다. 위기라는 단어를 뒤집어 기회라고 보는 마음가짐을 잊지 말아야 한다.

호재와 악재를 잘 구분하라

"하남에 스타필드가 들어선다기에 상가 투자를 하려고요."

오래 알고 지낸 분이 만나자마자 부동산 계약 이야기를 했다.

"지금 안사람이 인감 가지고 계약하러 갔어요."

"빨리 전화해서 계약하지 말고 돌아오시라고 하세요."

고소득 직장인이나 은퇴를 하여 목돈을 쥔 분들이 쉽게 빠지는 함정이 수익성 상가다. 연봉에 근접한 월세를 받는 사람을 보면 자신도 그랬으면 하는 로망에 빠지는 것이다. 그래서 상가는 시장에 꾸준히 나온다. 공급우위의 시장이다.

그분도 괜찮은 수익성 상가를 물색하다 하남에 스타필드가 들어서면 상권이 활성화될 것이라는 말에 혹해서 인근 상가를 계약하기로 결정하고 부인을 계약하러 보낸 것이다.

계약 직전에 아슬아슬하게 말릴 수 있어 다행이었다. 그 후는 지금 상황을 보면 알 수 있다. 스타필드와 같은 대형 쇼핑몰이 들어서면 하남 아파트 단지에는 호재로 작용한다. 하지만 주변 상가에게는 재앙이나 다름없다. 전통시장 옆에 대형마트가 생긴다고 가정하면 이해하기 쉽다.

상가는 경기에도 민감하다. 경기침체 시에 월세가 밀리거나 공실이 생길 가능성도 배제할 수 없다. 무엇보다 가격이 오르지 않고 되팔기도 쉽지 않다. 그 이유를 생각해보면 간단하다. 수익이 잘 나는 상가를 팔려는 이는 없고 사람들은 수익이 나는 상가를 사려고 한다.

한 분야에서 성공한 분들도 부동산과 관련해서는 엉뚱한 실수를 하곤 한다. 한 분야의 전문가라고 해서 다른 분야에서까지 성공을 보장받을 수는 없다. 부동산 분야에는 부동산 나름의 지식과 논리가 필요하다.

상가를 구입하려면 상인의 입장에서 생각을 해야 한다. '무슨 장사를 해야 할까?', '바로 옆에 어마어마한 대형 쇼핑몰이 있는데 뭘 할 수 있을까?' 이런 질문에 자신이 답을 얻지 못하면 다른 사람에게도 답이 없는 것이다.

사람들은 아파트가 들어서면 상권이 활성화될 것이라는 착각을 한다. 실제로는 그렇지 않다. 자세히 살펴보면 단지 내 상가는 부동산공인중개사 사무실과 수퍼마켓, 미장원이나 세탁소 정도가 있을 뿐이다.

대단지라면 상황이 다를까? 오히려 세대 수가 많으면 많을수록 단지 안의 상권은 약해진다. 단지가 클수록 걸어가야 할 거리가 길기 때문이다. 그러니 쇼핑을 하러 갈 때 차를 가지고 가는 경우가 대부분이다. 대단지일수록 물건이 더 많고 전문적인 상가를 찾아가려 하는 것이다.

놀라운 건 이처럼 호재를 악재로 생각하고 악재를 오히려 호재로 생각하는 사람이 의외로 많다는 것이다. 그래서 부동산에 처음 투자한다면 믿을 수 있는 전문가에게 조언을 구하는 것이 바람직하다. 투자처를 찍어달라고 하라는 게 아니라 투자할 때 필요한 안목을 배우라는 것이다.

오세훈표 정비사업

신속통합기획과 모아타운

신속통합기획

국토교통부는 8·16 주택공급대책에서 2027년까지 5년간 전국에 주택 270만 가구를 공급하고, 서울에 50만 가구를 신규 공급하겠다고 밝혔다. 이를 위해 신규 재개발·재건축 정비구역을 지정할 계획이다.

　주택 공급의 수단으로는 오세훈 서울시장이 내놓은 '신속통합기획'과 '모아타운'이 적극 활용되고 있다. 기존 정비사업 대비 사업 속도를 높인다는 목적은 같지만 세부적인 부분에서는 차이를 보인다.

신속통합기획은 서울시의 핵심 정비사업 방식으로 민간주도 개발에 공공이 계획과 절차를 지원해 사업 속도를 높이는 데 효율적이다. 2021년 102곳이 신청했는데 1차로 21곳이 선정됐다. 이 중 2곳은 2022년 9월부터 신속통합기획에 본격 착수한다. 10곳은 주민간담회를 개최한 이후 신속통합기획에 바로 들어간다. 나머지 9곳은 2022년 10월 내 착수를 목표로 하고 있다. 서울시는 탈락한 지역도 투기를 막기 위해 올해 1월 29일부터 토지거래허가구역으로 묶었다.

신속통합기획은 정비계획 수립단계에서 시가 공공성과 사업성 간 균형을 이룬 가이드라인을 제시하고 신속한 사업 추진을 유도하는

신속통합기획으로 재개발 구역 지정 기간 단축

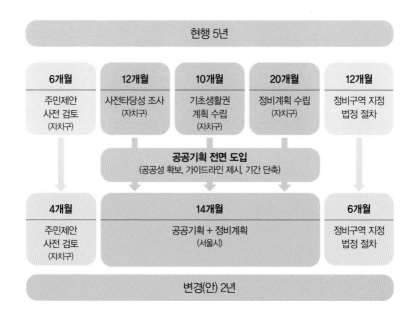

공공지원계획이다. 법령·조례상 재개발 정비구역 지정 요건에 맞으면서 토지 등 소유자 30% 이상이 구역 지정을 희망하는 지역이 대상이다. 정비구역 지정 요건으로는 노후도 동수 2/3 이상과 구역면적 10,000m^2 이상 등이 적용된다. 대상지 공모와 선정 절차 후 정비계획 수립 등 순으로 정비가 이뤄진다.

서울시는 신속통합기획 사업지에 다양한 혜택을 제공한다. 3종주거지역 내 35층 규제를 적용하지 않고 주변 요구를 고려한 다양한 생활 SOC(사회간접자본)를 조성하는 게 대표적이다. 정비계획과 지구단위계획을 통합 심의해 정비사업 관련 심의기간도 단축한다.

유의할 점은, 권리산정기준일이다. 가장 중요한 것은 조합원 권리이기 때문이다. 신속통합기획과 기타 공공재개발의 권리산정기준일

재개발 종류별 권리산정기준일

종류	권리산정기준일
신속통합기획	21개 후보지 : 2021년 9월 23일
	미선정구역 및 선정 예정 구역 : 2022년 1월 28일
도심복합사업	2021년 6월 29일
공공재개발	1차 공모 : 2020년 9월 21일
	2차 공모 : 2021년 12월 30일
역세권 시프트	없음

은 앞의 표와 같다.

모아타운

모아타운은 주택 소유자들이 개별 필지를 모아서 블록 단위로 주택을 공동 개발하는 정비 방식이다. 대규모 재개발이 어려운 노후 저층 주거지를 체계적이고 빠르게 정비하는 게 목적이다. 대상지 공모와

모아주택 소규모주택정비사업

구분		자율주택	가로주택	소규모재건축	소규모재개발
대상지역		정비구역 해제지역, 소규모주택정리관리지역 등 (기존 36가구 미만)	6m 이상 도로로 둘러싸인 13,000㎡ 미만의 가로구역(기존 20가구 이상)	사업면적 10,000㎡ 미만 노후연립, 아파트(기존 200가구 미만)	사업면적 5,000㎡ 미만 역세권 350m 이내 준공업지역
동의요건		100%	토지 등 소유자의 8/10 이상 및 토지면적의 2/3 이상	전체 구분소유자 3/4 이상 및 토지면적의 3/4이상	
사업기간		평균 1~2년	평균 2~4년		
시행방식	단독	주민합의제 (토지 등 소유자 2명 이상)	조합 또는 주민합의체(토지 등 소유자 20명 미만인 경우) 공공시행자(구청장, 공사), 지정개발자(신탁업자)		
	공동	구청장, 공사			
		건설업자(건설산업기본법), 등록사업자(주택법), 신탁업자(자본시장법), 부동산투자회사(부동산투자회사법)			

선정을 거쳐 심의와 사업시행인가, 이주, 착공 등 단계별로 사업이 진행된다.

대상지는 면적 100,000m^2 미만인 곳으로 노후·불량건축물이 50% 이상인 일반주거지역이다. 다만 대규모 재개발이 어려운 노후 저층 주거지를 정비하는 특성상 재개발 추진 지역 또는 재개발 예정 지역 등은 제외된다. 신속통합기획과 마찬가지로 건축 규제 완화와 기반시설 국비 지원 등 특례도 부여된다.

서울시는 신속통합기획과 모아타운 참여 지역을 지속해서 공모 중이다. 공급 부족이 부동산 시장 문제로 제기되는 만큼 신속한 정비를 통해 주택 공급 속도를 높인다는 계획이다.

특별히 다른 점은 신속통합기획이나 공공재개발의 경우 신축 빌라는 권리산정기준일 이전에 완공 및 소유권 등기가 완료돼야 하는데 모아타운은 권리산정기준일 이전까지 '신축 착공신고'만 하면 된다. 모아타운 선정 직후 토지거래허가구역으로 묶이지도 않는다. 또한 많은 경우 신축으로 인해 노후도가 현저히 맞지 않거나 반대가 극심하여 일부 존치구역이 생기면 조합원들의 추가분담금이 높아질 수 있다.

모르면 세금 폭탄!

윤석열 정부의 부동산 세금

똑똑한 한 채에서 여러 채로?

새 정부가 들어서며 다주택자에 대한 양도소득세 중과가 유예되었고 종합부동산세 중과세 폐지를 예고하여 세 부담 완화에 대한 기대감이 높아지고 있다. 주택수가 아닌 금액을 기준으로 종부세를 부과하겠다는 것은 사실상 종부세 중과세 폐지를 예고하는 것으로 다주택자의 세 부담이 대폭 줄어들게 된다. 다주택자들이 굳이 지금 급하게 팔 이유는 없어진 것이다. 따라서 계속 보유를 고민하는 다주택자

부동산 세제 정상화 방안

주택분 종합부동산세 기본공제금액 상향

구분	현행	개정안
일반	6억 원	9억 원
1세대 1주택자	12억 원*	12억 원

* 2022년 한시적으로 11억 원에 더하여 3억 원 특별공제 적용

주택분 종합부동산세 세율 조정

과세표준	현행		개정안
	일반	다주택	
3억 원	0.6%	1.2%	0.5%
3~6억 원	0.8%	1.6%	0.7%
6~12억 원	1.2%	2.2%	1.0%
12~25억 원	1.6%	3.6%	1.3%
25~50억 원			1.5%
50~94억 원	2.2%	5.0%	2.0%
94억 원 초과	3.0%	6.0%	2.7%

* 법인: [현행] 일반 3.0%, 다주택 6.0% 단일세율 → [개정안] 2.7% 단일세율

1세대 1주택자 종합부동산세 기본공제금액 상향안은 12억 원으로, 법률 개정사항이라 반드시 국회 동의가 필요한데 야당이 수용하지 않고 있다. 주택분 종합부동산세 세율도 1가구 1주택자에 3억 원의 특별공제를 도입하는 안이 야당의 반대로 통과되지 못하고 있다. 야당은 정부가 추진하는 법인세 인하, 다주택자 종부세 중과 폐지, 주식 양도세 면제 기준 상향 등 감세 정책을 '초부자 감세'라며 정기국회에서 막아 내겠다고 의지를 밝히고 있다.

는 늘어날 수밖에 없다. 비싼 세금 내고 집을 파느니, 자녀에게 물려준다는 차원에서 증여 거래가 증가했었는데, 이도 줄어들었다.

물론 종부세 개편안의 경우 국회 문턱을 넘어야 하지만 2023년 5월 9일까지는 조정대상지역 양도세 중과 유예가 유지되는 만큼 연말까지는 상황을 지켜볼 만해진 상황이다. 지방은 세종을 제외한 조정대상지역이 모두 해제되었고 종부세 등 보유세 부담 완화와 등록임대사업자 부활에 대한 기대감도 있는 상황이다.

새 정부의 세제 개편안을 보면, 종부세 부담 완화에 대한 내용이 대부분이다. 종부세 세율을 줄이고, 종부세 기본공제를 많이 해주고, 고령자, 장기보유자, 1주택자의 부담을 줄이겠다는 의지를 보이고 있다.

윤석열 정부의 종부세법 개정이 2022년 일부 시행되기는 하지만 근간은 아직 전 정부의 세법이므로 2022년은 문재인 정부의 세법이 적용되는 마지막 해다.

기획재정부에 따르면 2022년 종부세수는 6조 8천억 원에 달한다. 문재인 정부의 부동산 세제 개편 시행 첫해인 2018년 종부세수 1조 9천억 원과 비교하면 258% 급증한 규모로, 5년간 종부세수가 약 3.5배로 늘어났다.

기획재정부는 코로나19 사태 이후 전 세계적으로 풍부한 유동성이 부동산 가격을 끌어올리면서 공시가 상승을 이끈 데다 종부세율 인상, 다주택자 중과체계 도입 등 세제 정책도 영향을 미친 것으로 해석했다.

윤석열 정부의 종부세 세율은 2023년 1월부터 적용되지만 공정시장가액비율은 2022년부터 적용된다. 법 개정을 통한 보유세 부담 완화가 어려워지자 윤석열 정부는 지난 6월 지방세법 시행령을 개정해 재산세 과세표준 산정에 쓰이는 공정시장가액비율을 60%에서 45%로 낮추었다. 그 결과 올해 서울 공동주택(아파트·다세대·연립주택) 공시가격이 평균 14.2% 올랐음에도 재산세 부담이 상한까지 늘어난 가구가 크게 줄었다.

부동산 세금규제는 계속 풀어지고 있는 추세이다. 양도세 중과 유예를 시작으로 종부세 세 부담 완화가 진행되고 있고, 이제 취득세가 남아 있다. 올해 내내 거래 절벽으로 세수가 줄어들 것이다. 그래서 거래를 활성화시키기 위해, 또한 임대사업자 등록을 유도하기 위해 취득세 규제를 완화할 것이라는 예측이 나오고 있다.

재건축초과이익 부담금, 대폭 줄인다

국토교통부가 2022년 9월 29일 '재건축부담금 제도'를 대폭 개선하는 안을 담은 '재건축부담금 합리화 방안'을 발표했다. 이 방안에 따르면 재건축 사업으로 얻는 조합원의 이익이 평균 1억 원을 넘지 않으면 재건축 부담금을 내지 않게 된다. 또 재건축 아파트를 10년 이상 장기 보유한 1주택자는 부담금의 절반을 감면받을 전망이다. 초과이익 산정 개시시점은 '추진위원회 구성 승인일'에서 '조합설립 인가일'로 늦춘다. 또한 재건축을 하면서 공공임대나 공공분양으로 주택을 매각한 경우에는 해당 금액을 초과이익에서 빼준다. 국토부 자체 시뮬레이션 결과 이번 발표안이 만약 시행되면 전국 84개 단지 중 38개 단지의 부담금이 면제된다고 한다. 특히 지방은 32개 단지 중 3분의 2가 넘는 21곳이 면제 대상이 된다. 그러나 이 개정안은 법률 개정사항이라 반드시 국회 동의가 필요하다.

재건축부담금 부과 기준 개선안

초과이익	현행	0.3억 이하	0.3억~0.5억	0.5억~0.7억	0.7억~0.9억	0.9억~1.1억	1.1억 초과
	개선	1.0억 이하	1.0억~1.7억	1.7억~2.4억	2.4억~3.1억	3.1억~3.8억	3.8억 초과
부과율		면제	10%	20%	30%	40%	50%

재건축초과이익 산정 시종점 개선안

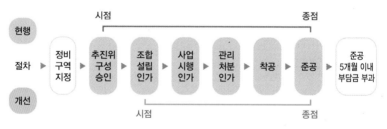

출처: 국토교통부

재건축·재개발 진행 단계

재개발과 재건축의 차이

서울 부동산 투자에 성공하고 싶다면 재건축·재개발에 대한 기초 상식은 꼭 알고 있어야 한다. 서울 곳곳에서 방대한 규모로 재건축·재개발이 진행되고 있기 때문이다. 간략하게 재건축·재개발의 개념과 진행단계를 살펴보자.

　보통 노후주택을 허물고 새 아파트를 지으면 재개발, 오래된 아파트를 새로 지으면 재건축이라고 생각하지만 재개발과 재건축을 구분하는 기준은 도로, 상하수도, 가스공급시설 등의 정비기반시설이 양호한가이다. 즉, 재개발은 기반시설과 건축물 모두가 낡아 기반시설을 새로 정비하고 주택을 새로 짓는 사업을 말한다. 그래서 빌라촌인데도 주변 정비기반시설이 양호해 재건축으로 분류된 곳들을 종종 볼 수 있다.

재개발은 토지 등 소유자 75% 이상의 동의와 토지면적 50% 이상이 동의해야 조합을 설립할 수 있다. 재건축은 토지 등 소유자 75%의 동의를 받고 동별로 과반수 이상의 동의를 얻어야 한다.

재개발은 건물과 토지, 지상권 중 하나만 소유해도 조합원 자격을 주지만 재건축은 건물과 토지를 모두 소유해야 한다. 재건축은 재건축에 반대하면 조합원으로 보지 않으나, 재개발은 동의 여부와 상관없이 조합원이 된다.

또한 재개발과 달리 재건축은 안전진단이 필요하고 재건축초과이익환수제 적용을 받는다.

몇 가지 예외의 경우가 있긴 하지만 재개발의 경우 관리처분인가 이후에는 조합원 지위 양도가 금지되고, 재건축은 조합설립 이후 조합원 지위 양도가 금지된다.

재건축·재개발 진행 단계

정비기본계획 수립 → (재건축) 안전진단 → 정비구역 지정 → 조합설립추진위원회 → 조합설립인가 → 시공사 선정 → 건축심의 → 사업시행인가 → 종전자산평가(감정평가) → 조합원분양 → 관리처분인가 → 이주 및 철거 → 일반분양 → 준공 및 조합 청산

재건축과 재개발은 언제 어느 단계에 들어가느냐에 따라 수익률이 달라진다. 초기 단계에 들어가면 수익은 커지지만 오래 기다려야 하고, 중간에 사업이 지연되거나 취소될 수 있다.

정비기본계획 수립 단계는 해당 지역 주민들이 추진위원회를 설립하고 그 지역에 대한 정비구역 지정을 신청하는 단계로, 조합설립도 이 단계에서 한다. 동네에 소문이 무성한 시기로, 정비구역 지정과 함께 시세 상승이 시작된다고 보면 된다.

조합설립인가 이후 시공사가 선정되며 지역의 프리미엄이 상승한다. 이때는 물건이 많지 않고 프리미엄도 높다.

이후 관청으로부터 사업시행인가 및 허가를 받는다. 이 작업을 마쳤다는 것은 공사를 시작하기 위한 전제조건이 모두 갖추어진 것을 의미한다. 매물은 없고 앞서 투자했던 사람들이 빠져나오기도 하는 때이다.

다음으로 시공사를 선정한다. 재건축은 사업시행인가 이후에, 주택 재개발은 조합설립인가 후에 시공사를 선정한다.

관리처분계획인가는 재건축·재개발의 8부능선으로 불린다. 조합

원에게는 제일 중요한 절차로, 조합원분양가, 일반분양가, 공사비 등의 내용을 담아 관리처분계획인가 신청을 한다.

다음으로 이주 및 철거 단계가 이루어지는데, 일반적으로 시공사는 현재 조합원이 거주하고 있는 평형의 전세 가격과 비슷한 선에서 이주비를 지원한다. 이주가 진행되며 철거가 이뤄지면서 빈집이 속속 생겨난다. 투자자는 빠른 진행을 요구하고, 원주민들은 감정가를 놓고 서로 대립하여 동네 분위기가 험악해지기도 한다. 이 시기에는 투자자와 함께 실거주를 목적으로 투자하는 사람들도 유입된다.

이주 및 철거가 완료되면 일반인을 대상으로 일반분양이 시작되고 착공이 시작된다. 조합원은 일반분양자에 비해 우선권을 가지며, 일반적으로 추첨을 통해 동·호수를 정한다. 이때 일반분양가도 발표된다.

이후 관청으로부터 준공인가를 받으면 입주가 시작된다.

2장

자본이
가장 집중하는 곳,
강남

나는 시장의 흐름을 꾸준히 연구하고,
강남 부자들의 부동산 투자를
지켜보면서 용감하게 나서야 할 때와
꼭 잡아야 할 부동산을 알아보는 실력을 갖게 되었다.
시장은 반복된다. 과거와 지금의 강남,
그리고 앞으로도 뜨겁게 변신할 강남을 공부하고
또 공부해야 강남 부의 지도를 읽어낼 수 있다.

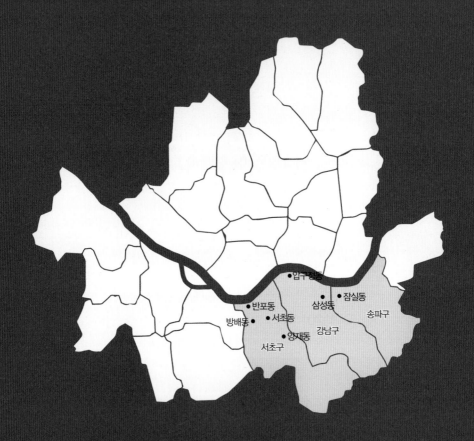

입구정동
반포동
방배동
서초동
삼성동
잠실동
송파구
양재동
강남구
서초구

한강변 똘똘한 한 채를 찾는다면

반포동

부촌 1위 반포의 변천사

1960년대까지만 해도 강북은 서울의 주인공이었고 인구가 지나치게 집중되어 있었다. 정부는 강북의 인구를 분산시키기 위해 강남을 개발하기 시작했는데, 이때 강남 최초로 대규모 아파트가 조성되었다. 반포동이 바로 그곳이다.

강남은 농지가 많아 부지 확보를 쉽게 할 수 있었고 한강 공유수면을 매립하여 넓은 부지를 확보하기 용이해 대규모 개발을 진행하기 좋았다. 가장 먼저 한강 주변의 하천 부지를 매립하여 반포동, 압구정, 잠실동, 동부이촌동, 서빙고동에 아파트를 건설하였다. 바야흐로 강남 아파트 시대가 열린 것이다. 반포주공 1단지는 3,786가구의 강남 최초 대규모 아파트 단지로, 1974년 건설되어 강남 아파트 시대의 문을 열었다. 처음 등장한 이 고급 아파트는 사람들의 주목을 받기에 충분했다. 당시 평균 서민아파트가 약 8평이었는데 반포주공 1단지는 22~42평이 대부분이었다. 파격적으로 복층 설계를 도입한 아파트이기도 하다. 분양 당시 서울대 교수 등 고위 공무원들이 배정받아 이슈가 되기도 했다.

1977년에는 고속터미널 인근에 반포주공 2·3단지가 들어서며 반포동 일대는 대규모 아파트촌으로 화려하게 변신하였다. 이렇게 반포동을 중심으로 시작된 대단지 아파트 건설의 열기는 압구정 현대아파트, 잠실주공아파트 등으로 이어졌다.

재건축으로 평당 1억 원의 시대를 열다

1970년대 건설된 반포동의 많은 아파트 단지들이 재건축 사업을 진행하였거나 진행하고 있다. 반포주공2단지와 3단지는 1단지보다 늦게 지어졌지만 사업이 빨리 진행되어 이미 10년 전에 새 아파트로 바뀌었다. 3단지가 있던 자리에는 2008년 12월 반포자이가, 2단지 자리에는 2009년 7월 래미안퍼스티지가 들어섰다. 신반포1차아파트를 재건축한 아크로리버파크는 2016년 준공되었다. 아크로리버파크

반포동 일대 재건축 사업 현황

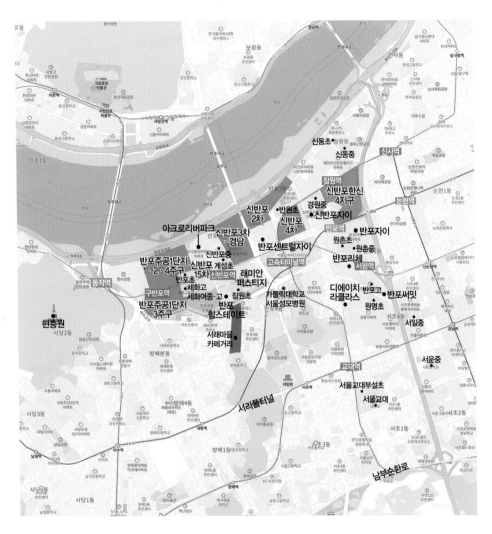

출처: 네이버지도

는 반포의 대장주로, 처음으로 평당 1억 원 시대를 연 아파트이기도 하다. 반포동 일대에는 이렇게 고급 아파트 단지들이 곳곳에 포진해 있고 앞으로 새로 탈바꿈할 재건축 아파트들이 많아 더욱 기대를 모으고 있다.

한강변 라인을 따라 늘어서 있는 데다 경부고속도로 지하화 등 개발호재도 기다리고 있는 반포 재건축 지역이 나머지 재건축 단지도 새 아파트로 속속 바뀌어 최고급 주거벨트가 될 것이라는 것은 어렵지 않게 예측할 수 있다.

주목받고 있는 주요 반포 재건축 사업

반포에서 가장 기대를 모으고 있는 재건축 단지는 가장 규모가 큰 반포주공1단지이다. 1단지의 1·2·4지구는 한강변에 위치해 있고 56개 동 5,335세대의 매머드급 단지로 거듭날 예정이다.

경남아파트와 신반포3차, 우정에쉐르1·2차를 통합재건축하는 '경남·신반포3차'도 1·2·4주구와 마찬가지로 한강뷰라는 강점을 가지고 있다. 삼성물산이 시공사를 맡은 이 단지는 최고 35층으로 지어지며 22개 동, 2,971세대의 대단지로 조성된다. 이외에도 반포에서는 크고 작은 재건축 사업들이 활발하게 진행되고 있다.

대규모 재건축 이주는 기회

대규모 재건축으로 이주가 시작되면 소액 부동산 투자의 좋은 기회가 될 수 있다. 이주민들은 아이들 학군이나 직장, 라이프스타일 등 여러 가지 이유로 멀리 가지 못하는데 그렇다고 전세금이 넉넉한 이주민은 많지 않아 재건축 아파트 근처로 못 가는 경우가 많다. 그래서 그 근처는 물론 주변으로 점차 전셋값이 오르는 현상이 나타난다. 예를 들어 반포 재건축 아파트 이주민들 때문에 근방 저렴한 아파트 전세가가 오르더니 방배까지 시세가 오르게 되었다. 나중에는 사당과 그동안 소외되었던 지역인 봉천으로까지 오름세가 이어졌다.

반포의 대장주

반포의 대장 단지라 불리는 아크로리버파크, 래미안퍼스티지, 반포자이는 어디 내놓아도 손색 없는 입지를 가지고 있는 명품 아파트들이다. 아크로리버파크(1,612세대)는 신반포1차아파트를 재건축한 아파트로 2014년 9월 분양되었다. 1차 분양가가 평당 약 3,900만 원, 2차 분양가는 5천만 원이었고 모두 1순위에 마감되었다. 요즘 시세를 살펴보면, 2022년 8월 기준으로 평당 1억 2천만 원 정도의 시세를 형성하고 있다. 전용 $84m^2$(33평)가 2022년 5월에 41억 원에 거래되었다.

아크로리버파크 이전에 대장주 역할을 했던 아파트는 수영장에 야외 카페까지 갖춘 래미안퍼스티지(2,440세대)이다. 지하철 9호선 역세권이며 백화점, 고속버스터미널과 가깝고 강남성모병원과 한강을 이용하기에도 편리한 아파트이다. 전용 84㎡가 2022년 5월 41억 원에 거래되었다. 못지않은 대장주로 평가받는 반포자이는 전용 84㎡가 2022년 5월에 39억 원에 거래되었다.

반포써밋 투자 사례

2017년 초에 찾아온 고객의 사례를 살펴보자. 의사 부부였는데 병원을 개업한 지 얼마 안 되어 현금이 그렇게 많지 않은 데다 남편이 부동산 투자에 반대를 하는 상황이었다. 그래도 몰래 본인이 가진 얼마의 돈으로 투자를 하고 싶다고 토로했다. 방배13구역 재건축 빌라를 제안했고, 실투자금 1억 원으로 남편 몰래 공동명의로 계약을 했다. 그런데 계약한 지 1주일 만에 매도인이 남편에게 전화를 해서 5천만 원 배액 상환을 할 테니 제발 해약해 달라고 했다. 남편은 고액 연봉의 의사라 해도 1주일 만에 5천만 원은 못 번다며 몰래 계약한 걸 탓하지 않고 오히려 아내를 칭찬했고, 또 다른 부동산 투자도 해보라고 했다. 그 뒤 부부는 열심히 돈을 모아 다시 찾아왔다. 이번에는 아이들 교육을 위해 학군 좋은 곳에 거주하고 싶다고 했다. 여러 상황을 고려해 당시 신반포자이의 분양권보다 1억 원 이상 가격이 낮았던 반포써밋 분양권을 권해드렸고 프리미엄 1억 5천만 원을 포함해 10억 원에 계약을 했다. 그런데 1주일 만에 프리미엄이 3억 원으로 껑충 뛰었다. 이 부부는 2018년 반포써밋에 입주하였고 2022년에는 실거래가가 31억 원을 훌쩍 넘어버렸다.

불황이 없는 부촌

서초동

문화예술의 도시

서초구의 중앙에 자리 잡고 있는 서초동은 동쪽으로는 강남구 역
삼동, 서쪽은 방배동, 남쪽은 양재동, 북쪽은 반포동과 접해 있다.

서초동은 한국의 최고 사법기관인 대법원과 대검찰청을 비롯해,
서울중앙지방법원, 서울고등법원 등이 들어서 있어 대한민국 사법부
의 중심지라 불린다. 그래서 이 주변의 오피스 빌딩에는 변호사나 법
무사 사무실이 대단히 많다. 이 법조타운이 들어서기 전인 1980년대

말과 1990년대 초만 해도 꽃마을 비닐하우스촌이 자리했다고 한다.

서초동은 문화예술의 동네이기도 하다. 서초구는 서초동 예술의 전당과 악기거리 일대 410,000m^2를 전국 유일의 음악문화지구로 관리하고 있다. 또한 한국형 에든버러 축제인 '서리풀 페스티벌'을 매년 가을에 개최해 문화예술의 도시 서초를 전국에 알리기 위해 노력 중이다.

대한민국에서 가장 비싼 공동주택은?

서리풀공원 인근에는 삼성전자 이건희 회장이 거주했던 곳으로 유명한 트라움하우스연립주택이 있다. 15년째 전국에서 공동주택으로는 가격이 가장 비싼 곳이다. 전용 273m^2 공시가격이 69억 9,200만 원이고 시세는 100억 원 정도로 알려져 있다.

이 빌라의 가격이 늘 최고점을 찍는 가장 큰 원인은 기업 회장 등 초상류층들을 입주민으로 둔 사실 그 자체이다. 다른 이유로는 남다른 시설을 꼽을 수 있다. 주변 부동산 업계의 설명으로는 보안과 안전이 철저하게 관리되고 있고 일부 몇몇 동의 지하에는 벙커까지 마련되어 있으며 진도 7의 지진에도 견딜 수 있는 내진 설계가 되어 있다고 하니 가히 '0.1%의 주택'이라 할 만하다. 얼마 전 음식업계의 대부 백종원 씨가 구입해 눈길을 끌기도 했다.

서초4동 아파트들

번화가와 주거단지가 혼재되어 있는 서초4동은 대표적인 상권인 강남역과 교대역의 북쪽을 아우르는 곳이다. 위로는 신논현역의 교보타워가 자리하고 있다.

이 동네의 주거시설은 90%가 아파트로 이루어져 있는데 1979~1980년 사이에 건설되어 노후되었던 아파트들이 2000년대 중반부터 하나둘씩 재건축되었다. 그중 1988년에 반포동과의 경계에 있던 삼풍 외인주택을 재건축하여 완성시킨 삼풍아파트는 2천여 세대의 대규모 아파트이다. 지하철 2ㆍ3호선 교대역 역세권에 위치한 삼풍아파트는 전용 79~165m^2의 중대형 타입으로만 구성되어 있어 준공 당시부터 압구정 현대아파트, 잠실 아시아선수촌아파트와 함께 강남 3대 고급 아파트로 유명했다.

2006년에는 삼익아파트가 재건축되어 롯데캐슬클래식이 들어섰으며, 2008년에는 세종아파트가 두산위브트레지움으로 탈바꿈하였다. 2009년에는 서초 삼호아파트2차가 래미안서초스위트로 재건축되었다. 1989년에는 아파트 근린상가를 지을 자리에 각종 명품 브랜드들을 대거 입점시킨 호화 쇼핑몰인 삼풍백화점이 오픈하여 강남 지역 중에서도 최고의 부촌이라는 이미지를 얻게 되었다. 그러다가 1995년 6월 삼풍백화점이 무리한 리모델링 공사로 인하여 붕괴하여 수많은 인명피해가 발생하는 가슴 아픈 사건이 일어났고 현재는 그 자리에 주상복합 아파트인 아크로비스타가 들어섰다.

이 아파트는 윤석열 대통령이 거주하는 곳이기도 한다. 지난 해공직자 재산 공개 자료에 아내 김건희 여사의 소유로 전용 164㎡ 13억 500만 원에 신고했는데 같은 평형이 2020년 4월, 20억 원에 실거래되었고 이후로 거래된 사례는 없지만 KB부동산 시세로는 현재 29억 원 정도인 것으로 파악된다.

맹모들 눈길 끄는 학군

서초동의 학군을 얘기할 때 서울고등학교가 빠질 수 없다. 우리나라 정계나 재계의 유명한 선배 동문들이 많은 것으로 알려져 아들을 둔 학부모들의 꾸준한 선호가 이어지고 있어 근처 부동산 수요는 늘 넘쳐난다. 이 주변 집값이 하락하지 않는 이유 중 하나이다.

서초의 중학교들은 대치동 못지 않게 학업성취도가 좋기로 유명하다. 서운중, 서일중 등 특목고 진학률이 높은 중학교들은 학부모들에게 인기가 높다. 학군 때문에 전학 안 시키려고 하는 학부모들 덕에 이 주변 시세가 주저앉을 가능성은 적은 편이다.

서초현대4차아파트 투자 사례

2018년 상담을 온 초등학생 2명을 둔 실수요자 부부의 고민은 '학군'이었다. 그래서 여러 가지 조건을 물어보고 부부의 자산에 맞는 서초현대4차아파트를 제안했다. 3개 동밖에 안 되는 이 아파트를 추천한 이유는 학군 때문이었다. 이 아파트는 좋은 학군에 속하는 원명초등학교 정문 앞에 자리하고 있다. 세대 수가 적어 가격은 근처 아파트보다 저렴했고 소위 '초품아' 즉 초등학교를 품은 아파트여서 선호도가 높은 곳이기도 했다. 같은 아파트라도 초등학교가 가까울수록 가격이 높은 편이다. 당시 14억 6천만 원에 매입하였고 2년 만에 5억 원이 올랐으니 역시 학군이 집값을 보장해 준다는 것을 알 수 있다.

강남역 일대 주요 개발 사업 현황

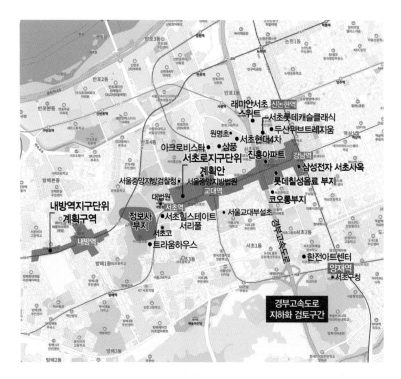

출처: 네이버지도

각종 호재를 찾아라

2019년에 강남의 마지막 금싸라기 땅인 정보사령부 용지 경매에 엠디엠그룹이 입찰해 1조 956억 원에 낙찰받으며 화제를 모았다. 엠디엠그룹은 녹지를 유지하면서 IT기업, 바이오, 금융 등 첨단산업의 오피스빌딩을 지을 계획이다. 서리풀공원으로 둘러싸여 있고 강남 테헤란로와 직선으로 연결되는 교통 요충지인 데다 부지 면적이 삼성동 현대자동차 글로벌 비즈니스 센터(GBC) 면적보다 넓기 때문에 낮은 건물로 지어도 연면적이 $350,000m^2$가 넘으며 총 사업비가 2조 3천억 원에 달한다. '한국판 강남 실리콘밸리'를 목표로 이 부지에 업무시설·문화시설·숙박시설 등을 지을 계획이라고 하니 주목하지 않을 수가 없다.

현재 물류창고와 영업소, 지점 등으로 쓰고 있는 롯데칠성 부지도 서초동에 있다. 복합업무단지로 개발 예정인 이 부지는, 주거용으로 묶인 상태지만 상업용지로 바뀌면 용적률이 800%가 되어 최고 높이

정보사 부지 개발 조감도

47층까지 지을 수 있다. 서초구의 '서초로 지구단위계획 재정비안'에 따르면 서초대로 일대 롯데칠성 부지, 코오롱 부지, 라이온미싱 부지 등이 특별계획구역으로 지정되어 국제 업무·상업 복합 중심지로 개발될 계획이다.

양재IC~한남IC 구간 경부고속도로 지하화 사업도 예정되어 있어 서초동 아파트를 포함해 반포IC 근처 아파트 시세에 영향을 주고 있다. 경부고속도로에 접해 있는 아파트들은 그동안 소음으로 가격이 다른 곳에 비해 저렴하였는데 경부고속도로 지하화 사업이 무르익으면서 미래가치를 반영해 가격이 오르게 된 것이다.

이 사업이 이뤄지면 서울 여의도공원 2.5배(60만㎡) 면적의 지상 부지에 기업 연구개발센터와 백화점, 문화시설, 공원 등이 들어설 예정이라고 한다. 길 하나를 사이에 두고 있는 잠원동과 서초동 일대 아파트들은 경부고속도로로 단절이 되었었는데 지하화 사업으로 지상이 공원화되면 서로 도보로 왕래하며 소통의 공간으로 활용할 수 있게 된다.

서초구청이 탈바꿈하여 양재역 주변의 분위기가 새롭게 바뀔 것이라는 소식도 있다. '서초타운 복합개발 사업'은 5,230억 원의 사업비를 투입하여 현 서초구청사를 철거하고 부지 1만 6,618㎡에 지상 34층, 지하 6층 규모로 다양한 주민편의시설을 갖춘 생활시설과 공공청사를 복합개발하는 사업이다.

서초구는 2026년 준공 및 입주를 목표로 위탁개발 방식을 통해 공공시설·주민편의시설·수익시설을 포함한 복합개발로 진행하고 있다. 공공시설은 주민의 의견을 우선적으로 반영하여 어린이집, 도서 관뿐 아니라 실내체육시설, 복합문화시설, 노인복지시설, 창업지원 시설, 공공주거시설 등 다채로운 공간으로 조성될 예정이다.

마제스타시티힐스테이트서리풀아파트 사례

일본처럼 우리나라의 부동산이 폭락할 것이라는 전망을 믿고 몇 년 이나 집을 사기를 거부하셨던 대기업의 임원분의 사례를 살펴보자. 오랫동안 일본에서 근무하다가 2007년 한국으로 돌아왔고, 그때 넓 고 싼 단독주택에 전세로 살기를 원해 중개해드린 적이 있다.

평생을 일에만 파묻혀 사느라 집을 장만할 겨를도 없었거니와 일 본의 잃어버린 10년을 몸소 겪은 분이라 한국의 부동산도 일본처럼 폭락할 것이라고 굳게 믿고 있는 완고한 분이었다. 가지고 있는 돈으 로 방배동의 단독주택을 충분히 살 여력이 있었음에도 우리나라는 선진국인 일본을 따라갈 수밖에 없다며 소신껏 전세를 선택한 것이 다. 전세 만기가 지나자 이번엔 서초동의 고급빌라에 전세보증금 6 억 원에 들어가셨다.

이후에도 가끔 한 번씩 찾아오셨는데 그때마다 지금도 늦지 않았 으니 나중에 후회하지 말고 부동산을 구입하시라고 말씀드렸다. 그 때는 전세금 6억 원으로 주변의 34평 아파트를 살 수 있었는데 부동 산 시장의 현황만 물어보곤 고개만 갸우뚱하며 돌아가기를 반복하 셨다. 그러다 2019년 초에 심각한 표정으로 방문하셨는데 그제야 본인이 어리석었다고 후회를 하며 당장 집을 사겠다고 하시는 것이다. 전에는 대출은 절대 안 받겠다고 했지만 주변 아파트들이 10억 원 이상 오른 상태라 대출도 조금 받겠으니 적당한 아파트를 추천해달 라고 하셨다.

일본에 오래 거주해서 그런지 큰 평수는 관리비만 많이 든다고 작은 평수도 괜찮다고 하여 마제스타시티힐스테이트서리풀아파트를 추천해 드렸다. 가구 수는 116가구이고 59㎡ 단일 평형으로 구성되었 지만 신축이라 바로 입주가 가능하고 서초역 역세권에다 서리풀공원이 몽마르뜨공원과 연계되어 한강까지 걸어서 산책하기에 좋은 아파트였다. 이번에는 흔쾌히 일사천리로 계약을 하셨다. 10억 원이 안 되는 가격으로 샀는데 2022년 호가가 21억 원이 되어 10억 원 이상 오르자 이거라도 안 샀으면 어쩔 뻔 했냐고 흐뭇해하셨다.

전통 부촌의 귀환

방배동

저평가되었던 방배동, 강자로 떠오르다

오래전 방배동은 '압·서·방(압구정·서초·방배동)'이라고 불릴 만큼 서울에서도 가장 집값이 비싼 동네였다. 2000년대 이후 반포동 한강변에 신축 아파트가 대거 들어서면서 빛을 잃기 시작했고 단독주택, 다세대주택 위주의 저층 주거지라 강남의 변방이라는 인식이 있어 강남 중심부보다 저평가되어 있었던 게 사실이다.

그러던 방배가 최근 재건축이 속속 진행되며 전통 부촌의 화려한 귀환을 예고하고 있다. 방배동 재건축 사업이 완료되면 1만여 가구 규모의 새 아파트가 들어설 전망이다. 재건축 호재뿐만이 아니다. 2019년 서리풀터널이 개통되면서 교통 여건이 개선되었고, 내방역 빌라촌이 '초고층 빌딩숲'으로 변신할 것이라는 소식과 함께 서초동 정보사령부 용지 개발호재까지, 여러 대형 개발호재들이 방배동을 들썩이게 하고 있다. 그동안 저평가되었던 방배동은 이제 각종 호재로 중심으로 도약할 준비를 하고 있다.

방배는 주거 환경이 좋기로 소문난 곳이다. 매봉재산과 서리풀공원 등 녹지로 둘러싸여 있고 2·4·7호선 등 지하철 노선만 3개가 지나는 교통의 요지이기도 하다. 서울고, 상문고, 서문여고 등 강남 8학군 명문 학교가 많아 엄마들에게 인기가 높은 것은 많은 이들이 알 것이다.

방배동은 여자중·고등학교의 학군이 좋은 편이다. 방배동을 대표하는 명문고는 서문여고이다. 더불어 동덕여고도 입시 실적이 좋아지고 있다. 양호한 특목고 진학률을 보이고 있는 서문여중, 동덕여중도 빠지지 않는 명문이다.

가치 급상승의 이유는 재건축

방배 재건축 사업은 거의 10년 넘게 대부분 발이 묶여 있어 공급은 없는 상태에서 2015년부터 인접한 반포의 재건축 이주 수요가 몰려오자 방배의 가격이 오르기 시작했다. 재건축으로 방배의 대규모 아

방배동 재건축 현황

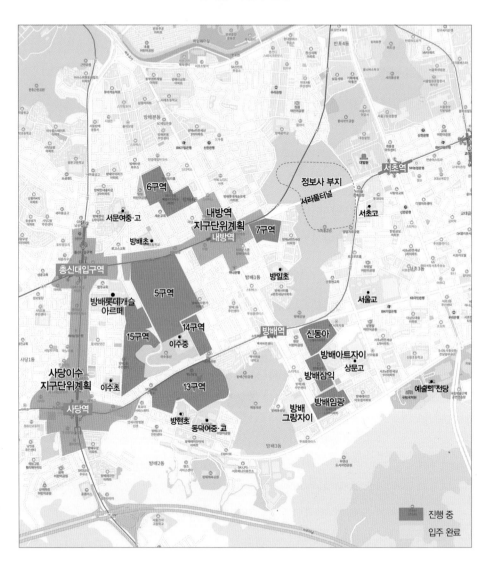

출처: 네이버지도

구역명	공급 규모(가구)	시공사	진행 단계
5구역	3,080	현대건설	착공
6구역	1,097	삼성물산	착공
7구역	316	미정	건축심의 준비
13구역	2,296	GS건설	이주
14구역	487	롯데건설	이주
15구역	1,600	미정	정비구역지정
신동아	935	미정	사업시행인가
방배삼익	721	DL이앤씨	이주 및 철거
방배임광	865	미정	정비구역지정

2022년 9월 기준

파트 단지들이 새 아파트로 거듭날 예정이었고 인근 압구정, 반포, 개포에 비해 상대적으로 저평가된 지역이었던 터라 인근 강남 수요뿐만 아니라 강북과 지방의 일부 수요까지 몰려 2018년에는 5~6개월 만에 시세가 폭등했다.

서초동의 여러 대형 호재로 반사이익이 기대되는 방배의 미래가치가 높게 평가되며 재건축도 빠르게 진행되었다. 방배 롯데캐슬아르떼의 선전에 힘입어 방배동에서 총 17개 사업장이 재건축을 추진 중이다. 단지 규모가 크고 입지여건이 뛰어난 단지들이 많아 랜드마크 자리를 두고 경쟁이 치열하다. 1천 가구 이상의 대규모 단지는 4

곳이며 이 중에서도 방배5구역은 3천 가구가 넘는다. 방배동 재건축 사업장 중 최대 규모로, 방배5구역이 2022년 7월 첫삽을 뜨며 방배 재건축 사업장 일대에 활기가 돌고 있다. 시공사는 현대건설로 결정되었고 하이엔드 브랜드 '디에이치'를 적용한다. 지하 4층~지상 최고 33층, 29개 동에 총 3,080가구가 들어설 예정이다. 일반분양만 1,686가구에 달한다. 편리한 교통도 강점으로 꼽히는데, 지하철 4·7호선 이수역과 7호선 내방역이 모두 가깝고 서리풀터널을 이용해 강남으로 쉽고 빠르게 진입할 수 있다. 또한 방배초, 이수초, 이수중 등 좋은 학군도 갖추고 있다.

방배6구역은 2021년 9월 시공사와 계약을 해지하고 삼성물산과 계약을 진행 중이다. 지하 4층~지상 22층의 16개 동에 총 1,097가구가 들어선다. 지하철 4·7호선 이수역과 내방역을 도보로 이용할 수 있다.

방배15구역은 1종 주거지역(4층 이하), 2종 일반주거지역(7층 이하) 등 용도지역이 혼재되어 있어 정비구역 지정까지 오랜 시간이 걸렸다. 하지만 이번에 최고 25층을 적용받게 되면서 오랜 기다림에 보상을 받게 되었다. 15구역에는 아파트 1,600여 가구(임대 300가구 포함)가 들어설 전망이다.

방배7구역은 최근 정비계획을 변경했다. 변경된 계획에 따라 건폐율 30% 이하, 용적율 221.9% 이하를 적용한 지하 3층에서 지상 19층으로 지어지며 316가구 및 부대복리시설이 들어설 계획이다. 규모는 작지만 조합원 수에 비해 신축 가구 수가 상대적으로 많은 편이다. 내방역과 가까워 초역세권이며 서리풀공원이 인근에 있어 좋은 평가를 받고 있다.

방배13구역과 14구역은 2022년 내로 이주를 마치고 분양하는 것을 목표로 삼고 있다. 두 곳 모두 2호선 사당역과 방배역 사이에 위치해 4호선과 2호선을 이용하기에 편리하다. 13구역은 2,275가구, 14구역은 487가구가 들어설 예정이다. 신동아파트는 사업시행계획인가를 획득한 상태이다. 1982년 준공되어 40년이 된 아파트인데, 개방형 구조인 복도식이다. 기존 493가구 규모에서 재건축을 통해 지하 3층~지상 35층 7개 동, 847가구로 탈바꿈될 예정이다. 규모가 크지는 않지만 걸어서 5~7분이면 2호선 방배역을 이용할 수 있고 학군도 좋은 편이다. 신동아의 시세를 살펴보면 전용 84㎡가 2021년 10월 24억 5천만 원에 거래되었다. 방배3구역을 재건축하여 탄생한 방배아트자이는 전용 84㎡가 2021년 7월, 24억 원에 팔렸다.

내방역 빌라촌이 '초고층 빌딩숲'으로

강남권 내에서 대표적인 낙후지역으로 꼽혀온 방배동의 내방역 일대가 업무·상업 중심지로 탈바꿈할 수 있게 되었다. 내방역 일대는 지은 지 20~30년 이상 된 저층 다세대 주택이 70% 이상 차지하고 있었는데 내방역 지구단위계획을 통해 고층 건물을 지을 수 있게 된 것이다. 내방역 주변을 특별계획구역으로 지정하여 준주거로 종 상향함으로써 용적률을 400%까지 올릴 수 있게 되었다. 영화관과 소규모 공연장, 쇼핑몰, 대형마트 등 문화시설과 생활편의시설, 주상복합 건물들이 들어설 예정이다.

정보사부지 개발 등 각종 도시계획사업 및 주택 재건축과 맞물려 이 일대 부동산 가치는 함께 상승할 것으로 예상된다. 그동안 방배동이 같은 강남에 비해 상대적으로 저평가되었던 이유는 일자리가 없는 단순한 저층 주거형태였기 때문이었다. 고급 일자리가 창출되면 그동안의 이미지를 탈피할 수 있을 것이다.

방배동의 가치를 높여준 호재가 2019년 있었는데 국군정보사령부 부지로 인해 단절되었던 서리풀터널이 40년 만에 개통되었다. 그동안 내방역에서 강남역까지 출퇴근시간대에는 25분~35분 걸렸었는데 이제 서리풀터널을 이용해 5분~12분이면 갈 수 있게 된 것이다. 녹지공간도 확대되었다. 서리풀터널이 개통된 후 터널 상부 벚꽃길에 폭 2.0m, 길이 1.0km의 무장애(barrier-free) 데크로드가 조성되어 많은 시민들이 장애물 없이 공원과 벚꽃길을 즐기게 되었다.

방배동에서 시작한 재건축 투자

2006년 4월 17일, 내가 방배동 사무실로 자리를 옮겼을 때만 해도 방배동은 정말로 조용하고 한적한 동네였다. 사무실을 계약할 때 맞은편에 부동산이 있어서 인사를 드리러 갔었는데 폐업을 한 상태였다. 속된 말로 개미 한 마리도 보이지 않는 동네여서 누가 사무실에 들러 길만 물어봐도 얼마나 반가운지 친절하게 알려 주었다. 지나가는 강아지한테도 말을 걸고 싶을 정도였고, 심지어 가을철 낙엽이 사무실 안으로 들어오면 무언가 들어와 반갑기도 해서 일부러 치우지 않았던 기억이 난다.

당시 방배동 재건축 상황은 방배5구역만이 정비예정구역으로 지정되어 있었다. 아파트를 다시 지을 때만 재건축이라고 하고 단독주택과 다세대주택 밀집 지역의 개발은 일반적으로 재개발로 불리던 때라 방배동처럼 기반시설이 좋아 재건축으로 사업이 진행되는 단독주택과 다세대주택 지역은 대부분 낯설어할 때다. 우왕좌왕하고 사업진행이 지지부진해 재건축이 되는 건지 안 되는 건지 누구도 알수가 없었던 시절이었다.

2006년 하반기부터는 부동산이 폭등하기 시작했고 방배5구역 반지하 빌라 가격이 대지지분당 5,600만 원이었다. 부동산중개사들도 수익률 계산을 할 줄 몰라 시세차익이 얼마인지도 모른 채 손님이 원하는대로 중개하던 때였다.

지식과 정보가 부족해 고객들에게 정확한 답변을 할 수 없어 답답하던 차에 서울대학교 법학대학원에서 정비사업체 임원들을 대상으로 한 재건축·재개발 이론 교육 과정이 열린다는 것을 알고 얼른 수강 신청을 했다. 교육 과정을 통해 재건축·재개발에 대해 정확히 알게 되니 재건축 빌라들의 미래가치가 보이기 시작했다.

방배5구역이 꾸역꾸역 더디게 진행이 될 때마다 금액은 확실하게 올랐다. 방배5구역 대지지분 10평짜리 빌라 반지하 물건이 5억 7천만 원으로 다시 매물로 나왔고, 옆의 14구역은 재건축 얘기가 나올 듯 말 듯 할 때라 지분당 평균 4,500만 원 정도였다. 방배14구역의 물건 매매가가 당시 정비예정구역이었던 5구역과 별반 차이 없으니 아무도 거들떠 보지 않았다. 방배14구역 빌라 반지하 물건이 평당 1,500만 원, 매매가 1억 5천만 원에 매물로 나온 적도 있다. 그러나 누가 봐도 무조건 사야 하는 저렴한 가격인데도 아무도 사려고 하지 않았다.

그러던 어느 날 안양에서 온 젊은 새댁 2명이 방배동 재건축 정보를 듣고 찾아왔다. 이미 소문이 난 방배5구역과 14구역은 가격이 올랐기 때문에 덩달아 오를 수 있는 인근의 싼 물건이나 방배13구역 물건을 더 선호했다. 당시 방배13구역은 빌라업자들이 소위 '지분 쪼개기'를 위해 신축빌라를 무분별하게 지어 사업성이 없을 것이라 소문이 나서 14구역보다 가격이 훨씬 저렴했다. 처음에는 젊은 사람들이 무슨 돈이 있어서 이렇게 많이 살까 하고 의구심을 가졌는데 안양 재건축에 같이 투자해서 번 돈으로 이번에는 상급지인 강남으로 갈아타기 하는 것이라고 했다. 본인뿐만 아니라 지인과 친척에게도 소개해 30개 정도를 중개했는데, 어차피 재건축이라 건물은 무너지지만 않을 정도면 되는 것이니 집은 보지도 않았다. 이 중 2년 만에 두 배의 시세차익을 내고 매도한 분도 있고, 지금까지도 보유하고 있는 분도 있다.

이때부터 방배동 재건축 물건을 활발하게 중개하여 눈코 뜰 새 없이 바빴고, 큰 시세차익을 실현한 고객들은 재건축·재개발 투자에 눈을 뜨게 되어 다른 저평가된 재건축·재개발 물건으로 갈아타기를 반복했다.

2007년, 지긋한 연세에 방배동 재건축에 투자하여 큰 시세차익을 내신 할머니의 사례를 살펴보자. 당시 방배5구역은 현금 1억 원을 가지고는 매수하기 힘들었다. 그런데 마침 그때 대로변 오피스텔 지분 3.3평짜리 매물이 2억 5천만 원에 나왔다. 지분값이 평당 7,500만원이 넘었지만 전세 1억 5천만 원을 안고 사면 1억 원으로 살 수 있어서 할머니께 권해드렸다.

할머니는 이 오피스텔을 2021년 14억 5천만 원에 매도하고 방배 14구역의 2주택 분양 신청이 가능한 단독주택과 빌라를 사셨다.

지금은 77세로 연세가 지긋하시지만 그동안 큰 시세차익을 경험하신 터라 방배동의 또 다른 아직 저평가된 지역을 권해드리면 젊은 사람들보다 더 빠르게 결단을 내리셨다.

늦은 나이에 1억 원으로 출발해 10여 년 만에 약 30억 원의 자산가가 되신 할머니는 자녀분들에게 큰소리 치며 살고 계시다. 이젠 연세도 있으시니 투자는 그만 하시라고 해도 여전히 사무실에 들러 부동산 정보를 물어보시곤 하신다.

한강변 알짜배기 부촌

압구정

한강뷰 아파트들 모인 부촌

상견례 자리에서 압구정 산다 하면 전세냐 월세냐 물어보지도 말라는 말이 있다. 행정지구 중 유일하게 아파트로만 이루어진 주거지이기 때문에 부유층만이 몰려살 수 있는 곳이라는 점이 압구정의 핵심 포인트이다. 과자 한 봉지 값도 비싼 전통 부촌, 압구정에 대해 살펴보자.

2022년 상반기 서울에서 거래된 아파트 값(국토교통부 실거래가)을 보면, 상위 10곳이 모두 한강 생활권 아파트다. 한남동 나인원한남(전용 206.89㎡)과 한남더힐(전용 235.31㎡)은 85억 원에 거래됐으며 다음으로는 80억 원에 거래된 강남구 압구정동 현대1차(전용 196.21㎡)와 서초구 반포동 래미안퍼스티지(전용 222.76㎡)가 뒤를 잇는다.

한강변을 따라 재건축·재개발이 활발히 이뤄지고 있어 한강변 아파트는 그 가치를 더 높여가고 있다. 압구정 아파트 지구도 남쪽 한강변 라인을 따라 위치한 덕분에 프리미엄이 갈수록 높아지고 있다. 압구정 현대아파트가 재건축으로 새 아파트가 되면 단연 강남 최고의 입지로 그 위상은 정점을 찍을 것이다.

옛부터 권력가들이 탐내던 명당

압구정은 드라마틱한 과거를 가지고 있다. 앞으로는 북한산, 도봉산, 수락산이 보이고 뒤로는 남한산, 청계산, 관악산이 보이며 한강을 끼고 있어 옛부터 뛰어난 경관으로 조선시대 권문세도가들이 별장 짓기를 원했던 곳이다. 수양대군의 심복으로 세조와 성종 때 부귀영화를 누렸던 한명회의 별장도 압구정에 있었다. 사실 압구정이라는 지명도 한명회의 별장에서 유래한다. 최고 권력가로 있던 1476년(성종 7년) 한명회는 한강가에 압구정(狎鷗亭)이란 정자를 지었다. '압구'는 '갈매기를 가까이 한다'는 뜻이다. 갈매기를 벗하며 유유자적하게 말년을 보내겠다는 뜻을 담고 있다. 압구정의 명성이 중국까지 알려지면서 조선을 방문한 사신이 성종을 통해 압구정 관람을 청하였는데 한명회는 장소가 좁다는 이유를 들어 거절의 뜻을 보였고, 이 일이 시발점이 되어 한명회는 파직되었다.

압구정의 화려한 변천사

1960년부터 1970년 중반까지는 강북 위주의 개발이었다면 1970년 후반부터 2000년대 중반까지는 강남 위주의 개발이 이루어졌다. 그리고 다시 2000년대 후반 이후로는 다시 강북 위주의 개발이 진행되고 있다.

1970년대 압구정에 현대아파트 단지들이 들어선 과정을 살펴보자. 정부는 특정지구개발촉진에 관한 임시조치법을 제정하여 영동지구를 1호로 정하였다. 1975년 성동구에서 분구시킨 강남구에 대규모 아파트를 짓기 시작했으며, 이듬해인 1976년에는 청담동, 압구정동, 도곡동이 아파트 지구로 지정되었다. 사실 압구정은 한강변의 모래밭이었다. 현대건설은 정부로부터 경부고속도로 건설 대금으로 한강 공유수면을 받았고 경부고속도로를 공사하면서 외국에서 수입한 장비를 압구정에 보관하여 땅 확보에 유리한 면이 있었다. 현대건설이 압구정 땅을 많이 가지고 있었던 이유이자 압구정에 현대아파트가 많은 이유이다.

그런데 다소 시끄러운 일이 일어났다. 1970년대 후반 들어서 아파트 건설 붐이 일기 시작하며 강남의 땅값이 뛰어올랐다. 현대건설은 1,512가구 중 952가구는 현대의 무주택 사원에게 분양하고, 나머지 560가구만 일반에게 분양한다는 조건으로 허가를 받은 터였다. 그러나 아파트를 짓는 과정에서 아파트 투기 광풍이 불기 시작했고 압구정동 현대아파트의 분양권에 높은 프리미엄이 붙게 되었다. 결국, 무주택 사원들에게 돌아가야 할 아파트 952가구는 291가구만 사원들에게 분양됐고, 나머지 가구는 전부 고위공직자, 국회의원, 기업인, 언론인, 현대그룹 임원들의 친척, 동창들에게 분양되었다. 문제는 1977년에 불거졌다. 청와대로 압구정동 현대아파트 특혜분양에 관한 투서가 올라가고, 책임자들은 구속되었으며 특혜분양을 받은 고위공직자는 징계를 받았다.

2040서울플랜 규제 완화 기대로 들썩이는 재건축

총 24개 단지, 1만 466가구가 모여 있는 압구정 재건축 지구는 부촌인 데다 한강뷰라는 강점을 가지고 있어 '재건축 최대어'라 불릴 정도로 가장 큰 관심을 모으는 지역이다. 고가의 노후 아파트가 밀집한 압구정동 일대가 재건축의 끝판왕이라고 불리는 이유는 너무 많아 차고 넘친다.

그러나 그동안에 주민 이견 등으로 재건축 사업이 순탄치는 않았다. 많게는 46년, 적게는 35년된 노후 아파트들이지만 재건축 사업이 진전된 것은 얼마 되지 않았다. 2016년에 24개 단지를 6개 특별계획구역으로 묶어 재건축하는 지구단위계획을 마련했지만 심의가 보류돼 있었던 상태이다. 지구단위계획은 아파트 단지들이 재건축정비사

압구정 재건축 현황

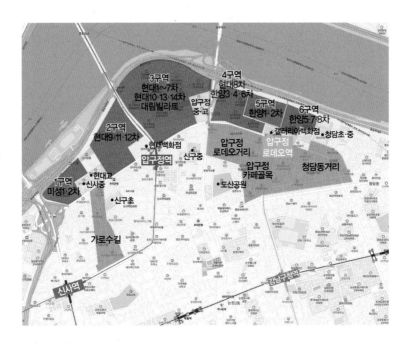

출처: 네이버지도

업계획을 수립하기 전 마련하는 상위계획이다.

재건축 구역은 1구역(미성1·2차), 2구역(현대9·11·12차), 3구역(현대1~7차, 현대10·13·14차, 대림빌라트), 4구역(현대8차, 한양3·4·6차), 5구역(한양1·2차), 6구역(한양5·7·8차) 등으로 구성됐다. 이 단지들은 40~50여 년차를 맞아 재건축 연한을 충족했다. 하지만 2017년 11월 서울시 도시건축공동위원회에서 지구단위계획이 보류된 이후 5년째 진전이 없었다.

압구정 아파트 재건축에 다시 활기를 불어넣은 것은 신속통합기획이다. 그동안 정부의 규제로 속도가 더뎠지만 3구역을 필두로 1·2·4·5구역이 잇따라 신속통합기획 참여를 확정 지으면서 속도가 붙을 것으로 보인다.

신속통합기획은 민간 주도 개발에 공공이 정비계획 수립 초기 단계부터 각종 계획과 절차를 지원하는 제도다. 오세훈 시장이 취임한 뒤 주택 공급에 속도를 내기 위해 고안됐다. 이 제도는 인허가 기간을 대폭 줄일 수 있다는 게 최대 장점이다. 신속통합기획 적용 시 정비구역 지정 절차는 5년에서 2년으로 단축된다. 사업시행인가 통합 심의 기간도 1년 6개월에서 절반 가까이 줄어든다. 또한 층수 규제 완화 등의 큰 혜택도 받을 수 있어서 신청하는 곳이 점점 늘어나는 추세다.

신속통합기획을 가장 먼저 신청한 3구역은 6개 구역의 중앙에 있으며 면적(360,187㎡)이 가장 크고 초·중·고등학교가 단지 내에 있어 대장주로 꼽힌다. 4,065가구 규모로 가구 수도 가장 많다. 3구역이 신청한 이후 2·5단지에 이어 1구역도 신청서를 제출했다. 4구역도 조만간 신청서를 제출할 예정이다. 6구역은 신속통합기획 적용 여부를 아직 결정하지 못했다. 6구역 소속 단지 중 유일하게 조합이 설립된 한양7차는 재건축초과이익환수금 부담을 줄이기 위해 조합 해산을 검토한 뒤 통합 재건축을 추진하고 있는 것으로 알려졌다.

압구정 지구는 도시정비기본계획에 따라 용적률이 230%, 최고 층수는 35층으로 제한돼 있는데, 규제 완화로 이 35층 룰을 넘을 수 있을지가 초미의 관심사이다. 그러나 용적률을 높이는 만큼 임대주택·기부채납 비율도 높아질 수 있다. 과거 한강르네상스 정책을 추진할 당시에도 충수를 50층까지 높이는 대신 사업부지의 25%에 달하는 토지 기부채납이 요구돼 갈등을 빚은 적이 있다.

거래절벽 현상이 계속되고 있는 중에도 압구정은 신고가를 갱신하고 있다. 압구정동 현대1·2차 아파트는 2022년에 2021년 신고가보다 높은 가격에 거래됐다. 이 아파트의 전용 196.21m^2는 2021년 3월 64억 원에 매매됐지만 2022년 7월에는 이보다 16억 원 높은 80억 원에 팔렸다.

현대6·7차는 전용 157.36m^2의 경우 2021년 2월 50억 원에 거래되며 신고가를 세웠으나, 2022년에는 5월에는 8억 원 높은 58억 원(4층)에 거래되었다.

압구정 아파트 지구는 토지거래허가구역으로 묶여 있고 실거주 요건과 자금조달계획서 제출 등 문턱이 높아 거래는 많지 않다.

대형 개발호재 가득한 곳

잠실 & 삼성

뽕나무 가득하던 잠실의 비상

지금이야 잠실 하면 부촌을 떠올리지만, 예전엔 뽕나무 가득하던 곳
이었다. 조선 세종 때 양잠을 장려하여 한강변에 뽕나무를 심어 누에
고치를 치게 했는데 그곳이 바로 잠실이다. 지명도 누에 '잠(蠶)'자를
써 잠실이라 불리게 되었다고 한다.

1940년대에는 잦은 홍수로 모래밭이 되어 채소나 키우던 잠실은
1970년대부터 큰 변화를 맞이하게 되었다. 당시 정부는 대규모 택지

를 마련하기 위해 잠실 남쪽으로 흐르는 송파강을 막아 매립했고 그렇게 잠실 75만 평의 육지가 만들어졌다. 1973년 박정희 정부는 매립지와 주변 땅에 340만 평을 조성해 잠실 아파트 단지와 잠실종합운동장을 만들었다. 먼저 잠실1~4단지(33개 동, 1만 5,250가구)를 건설했고 추후 가장 규모가 큰 주공5단지를 추가로 건설했다.

잠실은 롯데백화점, 마트, 놀이공원, 잠실종합운동장, 서울아산병원까지 다양한 편의시설을 갖추고 있어 쇼핑과 문화, 여가 생활을 즐기기에 편리하다. 특히 롯데월드타워(123층, 555m)라는 서울의 대표 랜드마크가 들어서며 더욱 상징성 있는 곳이 되었다. 석촌호수와 올림픽공원, 한강시민공원 등 자연환경도 풍부하게 갖추고 있어 자연을 마음껏 즐길 수 있는 곳이기도 하다.

재건축으로 탈바꿈 기다리는 잠실

1970년대 정부의 한강변 개발로 모래밭에 들어선 잠실의 대규모 아파트 단지들은 재건축 사업으로 서울 한강변 라인을 대표하는 아파트촌으로 탈바꿈할 것이다.

잠실 일대에서 초창기 지어졌던 잠실주공1~4단지는 잠실엘스(2008년 준공, 5,678세대), 리센츠(2008년 준공, 5,563세대), 트리지움(2007년 준공, 3,280세대), 레이크팰리스(2006년 준공, 2,678세대) 등으로 재건축됐다. '엘스', '리센츠', '트리지움'은 흔히 '엘·리·트'라 불리는데 잠실을 대표하는 대장주들이다.

잠실 주요 재건축 아파트

출처: 네이버지도

구역명	공급 규모	진행 단계
잠실주공5	6,827가구	조합설립인가
장미1~3차	5,200가구	조합설립인가
잠실진주	2,678가구	관리처분인가
잠실미성 · 크로바맨션	1,850가구	관리처분인가
잠실우성1~3차	2,716가구	조합설립인가

출처: 서울시 정비사업 정보몽땅

평당 시세를 살펴보면, 리센츠가 7,447만 원, 아시아선수촌이 7,128만 원, 잠실엘스가 7,119만 원, 트리지움이 6,819만 원이다.(2022년 8월 KB부동산 기준) 최근 부동산 시장이 침체기를 맞으며 거래절벽 현상이 나타나 거래는 거의 없지만 잠실의 대장주들도 시세가 흔들리는 모습을 보이고 있다.

잠실에는 아직도 재건축을 앞두고 있는 대단지들이 많다. 잠실주공5단지와 진주, 미성·크로바, 장미1·2차, 우성1·2·3차, 아시아선수촌아파트 6개 단지가 재건축 사업을 진행 중이거나 준비 중에 있다.

강남의 대표적인 재건축 단지들 중에서도 가장 주목받는 곳은 단연 송파구 최대 재건축 단지인 잠실주공5단지이다. 지은 지 45년 된 잠실주공5단지는 지난 2014년부터 재건축을 추진해왔으나 오랜 기간 지지부진했다. 2017년 재건축 아파트 최초로 국제설계공모전까지 열었지만 당선작을 공식적으로 발표하지 못하는 등 여러 우여곡절을 겪기도 했다.

그러다 2022년 6월 드디어 서울시가 정비계획을 결정·고시해 재건축 사업이 확정되었고 본궤도에 오르게 되었다. 재건축 후 규모는 기존 3,900여 가구에서 6,800여 가구로 늘어나게 된다. 한강변 아파트 35층 고도제한을 깬 첫 사례라 더욱 화제가 되었는데 잠실 역세권에 걸쳐있는 용지의 용도지역을 준주거지역으로 상향해 최고 50층까지 올릴 수 있게 된 것이다. 처음에 조합은 지하철 2호선 잠실역 부근 복합용지에 호텔을 계획하였었지만 코로나 사태 등 사회·경제적 환경의 변화를 고려하여 아파트 100여 가구를 추가로 공급하는 것으로 변경했다.

잠실주공5단지의 평당 시세는 8,267만 원(2022년 8월 KB부동산 기준)으로, 전용 82㎡가 2022년 6월 30억 4,600만 원에 거래되었다.

잠실은 대규모 재건축을 앞둔 압구정, 반포 등과 함께 강남 주요 주거단지로 떠오를 것이다. 영동대로 복합개발 등 호재가 풍부해 미래가치를 높게 평가받고 있으며 새롭게 조성될 잠실운동장 스포츠·MICE(국제회의 및 전시·박람회 등 유망 산업) 복합공간과 유기적으로 연결될 것이기 때문이다.

삼성동

삼성동은 IT기업을 포함한 대기업은 물론, 대형로펌, 세계적 회계법인 등이 줄줄이 자리한 테헤란로 한쪽을 끼고 있고 코엑스가 자리해 초고소득 일자리가 넘쳐난다. 무엇보다 영동대로 복합환승센터, 국제교류복합지구, GBC(현대자동차 글로벌 비즈니스 센터) 등 연이은 호재로 삼성동의 미래 가치는 상상 그 이상이 되어버렸다.

위치를 보면, 남쪽으로 청담동, 북쪽으로는 대치동, 동쪽으로는 탄천, 서쪽으로는 선릉역을 두고 있다. 삼성동의 랜드마크인 선정릉은 5만 6천 평의 넓은 숲을 가진 삼성동의 허파이다. 조선 성종과 그의 계비 정현 왕후의 선릉 그리고 중종의 정릉을 합쳐서 선정릉이라 부른다. 선정릉 덕분에 삼성동 주민들은 도심 속에서 자연을 즐길 수 있다.

삼성동의 명문고 하면 경기고등학교가 떠오를 것이다. 1900년 10월 3일 종로구에서 개교한 경기고는 1976년에 현재 위치한 강남구 삼성동으로 이전하였고 2010년 과학중점학교로 지정된 이후로 수학·과학 분야 명문고로 자리잡았다.

경기고등학교와 작은 골목길을 사이에 두고 삼성동을 서울 최고 부촌으로 만든 '현대주택단지'가 자리한다. 1958년 현대건설이 조성한 28가구의 단지로, 연예인, 재벌들이 거주해 사람들의 입에 자주 오르내린다.

삼성동 아파트의 대장주들

삼성동의 학동로 인근으로 아파트들이 모여 있다. 아이파크삼성, 삼성센트럴아이파크, 삼성힐스테이트 등의 아파트가 시세를 이끌고 있는데 가장 관심을 받고 있는 단지는 2021년 입주한 신축단지 래미안 라클래시이다. 2022년 상반기 기준 전용 84㎡의 시세는 32~33억 원정도이다. 가까운 삼성센트럴아이파크도 비슷한 가격대이다.

삼성동의 대장주 하면 전용 145㎡ 이상의 대형으로만 구성된 아이파크삼성이 빠질 수 없다. 실거래가를 살펴보면, 전용 145㎡가 2022년 5월 50억 원에 거래되었다. 영동대로변 고급주택가에 자리한 이 아파트는 달랑 3개 동이지만 여유로운 생활을 누릴 수 있고 사생활 보호가 보장된 고급아파트로 유명세를 누리고 있다.

아이파크삼성 옆에 홍실아파트가 재건축(419가구) 착공에 들어갔다. 1:1 재건축을 진행한 경우라 일반분양은 없으며 DL이앤씨가 시공을 맡았다.

강남 최고의 개발, 현재 진행 중

불패를 자랑하는 부동산 투자의 성지와도 같은 강남. 강남에서도 개발호재로 가장 뜨거운 곳이 삼성, 잠실이다. 호재가 있을 때마다 출렁이는 것이 부동산인데, 현대백화점 무역센터점, 스타필드 코엑스몰, 잠실종합운동장까지 최고의 생활 인프라를 갖추고 있는 삼성과 잠실에 매머드급 규모의 호재들이 몰리며 미래가치를 높여 가고 있다. 아직도 강남은 눈부시게 변화하고 있는 것이다. 떠들썩한 잠실과 삼성의 대형 호재들을 하나씩 살펴보자.

국제교류복합지구

강남의 대표적인 개발사업은 바로 국제교류복합지구이다. 이 사업은 강남구 삼성동 코엑스에서 시작돼 현대자동차 글로벌 비즈니스 센터(GBC)를 지나 잠실종합운동장까지 연결되는 대규모 복합지구를 조성하는 프로젝트이다. 전례 없는 국제업무, 전시·컨벤션(MICE), 스포츠, 문화·엔터테인먼트가 융합된 서울 국제 비즈니스 교류의 핵심 공간으로 육성하기 위한 대규모 개발이라 부동산에도 큰 반향을 일으키고 있다. 총 1,990,000㎡ 부지에 4가지 핵심시설(국제업무, 스포츠,

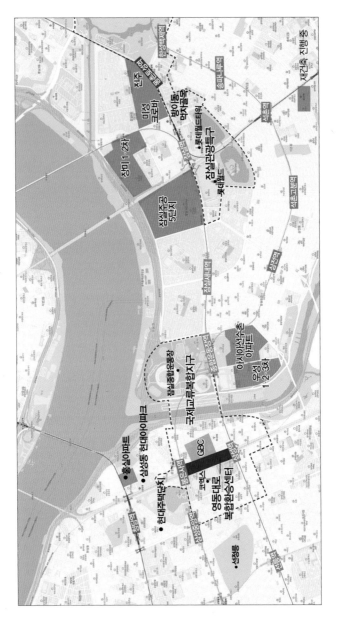

국제교류복합지구 & 잠실관광특구

출처: 네이버지도

국제교류복합지구 조감도

추후 변경 가능(출처: 서울시)

엔터테인먼트, 전시 · 컨벤션)과 수변공간 등이 들어서 대한민국을 대표
할 MICE 거점이 조성될 것이다. 2008년 코엑스와 종합운동장 일대
종합발전계획 발표를 시작으로 첫발을 내딛게 되었지만, 개발 사업
이 강남구와 송파구, 서울시와 국토부, 기재부뿐만 아니라 현대차그

알고 가기

MICE

MICE는 회의(Meeting), 포상관광(Incentive trip), 컨벤션
(Convention), 전시회(Exhibition&Event)의 영어 머리글자를 딴 용어로 대규모 국제
회의나 전시회가 관광과 어우러진 산업을 말한다.

룹 등 민간기업까지 복잡한 이해관계가 얽혀 지지부진했었다. 그러다 2021년 6월 말, 영동대로 복합환승센터가 착공에 들어가고 잠실 마이스 사업도 변화가 생기면서 국제교류복합지구 조성사업도 속도가 붙으며 더욱 가시화되었다. 이에 잠실관광특구로 이어지는 송파 올림픽로 일대도 함께 주목받고 있다.

현대차 공공기여금과 서울시 재정이 투입될 서울올림픽주경기장은 철거하지 않고 리모델링하게 된다. 현재 7만 석인 좌석을 6만 석으로 줄이고 관람석과 경기장 간의 거리도 좁혀서 쾌적성을 높이고 노후시설물 구조도 보강한다. 주경기장 남측에 소형 숙박시설도 설치하고, 보조경기장은 주경기장 쪽으로 옮긴다. 2024년까지 올림픽 재개최가 가능한 수준의 시설로 만들 예정이다.

GBC(현대자동차 글로벌 비즈니스 센터)

국제교류복합지구에서 가장 화제를 모은 것은 GBC이다. 2014년 삼성동 옛 한전부지를 현대차그룹이 10조 5,500억 원에 매입했을 때부터 떠들썩했다. 입찰에 참여했던 삼성전자가 써낸 가격이 5조 원대 초중반이었는데 현대차가 무리하게 매입한 것이 아니냐는 우려의 목소리도 많았다. 그러나 삼성역 중심으로 개발이 진행되고 GTX 개통이 예정되자 토지 가치가 천정부지로 뛰어 공시지가가 2014년보다 3배 가까이 상승했으니 이제 그런 논란은 무색할 정도이다.

처음엔 롯데월드타워보다 더 높은 초고층빌딩에 업무시설과 호텔, 공연장, 전시장이 포함된 대규모 복합시설이 들어선다는 소식으로 주목을 받았다. 그러나 건물 높이가 105층, 569m에 달하면서 공군부대 작전 제한 및 삼성동 봉은사와의 일조권 침해 논란 등의 문제가 생겨 앞으로 나아갈 수가 없었다.

초고층빌딩이라서 추가로 발생하는 비용이 그야말로 폭탄급이었기 때문이다. 성남시에 위치한 서울공항(군 공항)이 7km 내에 있어 지난 2017년 국방부에서 전투기 비행이나 레이더 전파 등에 영향을 미치지 않는지 검토가 필요하다고 문제를 제기했다. 실제 롯데월드타워가 들어설 때 군 공항 부지와 5.5km 떨어지도록 서울공항 동편 활주로를 틀기 위해 수천억 원의 비용을 롯데가 부담한 사례가 있다. 이뿐이 아니다. GBC 건물을 105층으로 올리기 위해서는 서울시에 공공기여금 1조 7천억 원을 내야 한다. 초고층빌딩은 건축비도 어마어마하게 발생된다. 무려 4조 원에 이르는 막대한 건축비용이 들어 사업성 면에서도 부담이 되었다.

그러다 최근 기본설계안이 50층, 3개 동으로 가닥을 잡았다는 소식이 들리며 베일에 쌓였던 GBC가 윤곽을 드러냈다. 상층부에는 미래성장동력이 될 도심항공모빌리티(UAM·플라잉카) 이·착륙장 15곳을 조성할 것으로 보인다. 자동차가 하늘을 날아다니며 이동할 수 있는 '미래도시'의 중심거점으로 삼겠다는 것인데, 신사업인 UAM에 대한 현대차의 야심이 엿보인다.

영동대로 복합개발

GBC와 연결되는 영동대로 복합개발(2028년 완료 예정)은 삼성역 사거리부터 봉은사역 코엑스 사거리까지 지상과 지하를 입체적으로 개발하고 GTX 등을 위한 복합환승센터, 녹지광장 등을 조성하는 사업이다. 600m 길이에 지하 6층의 대규모로, 1일 약 63만 명의 유동인구가 유입되고, 약 4만 명의 고용창출을 일으킬 것으로 예상하고

영동대로 복합개발 조감도

지상광장
정류장(버스 택시)
공공/상업시설
통합대합실
GTX-A/C 승강장
위례-신사선

추후 변경 가능(출처: 서울시)

있다.

복합환승센터는 버스, GTX-A와 C노선, 도시철도(위례신사), 지하철(2·9호선) 및 버스·택시 등의 환승을 위한 허브로 2021년 6월 착공을 시작했다.

삼성역은 다양한 버스 노선과 2·9호선 지하철이 지나고 도심공항터미널을 잇는 편리한 대중교통 시스템을 이미 갖추고 있다. 여기에 앞으로 GTX-A와 C노선, 위례신사선이 개통되고 영동대로 복합환승센터까지 들어서면 서울 수도권 지역의 최대 교통 중심 지역이 될 것이다.

'진짜 강남 노선' 위례신사선

위례신사선(2027년 개통 예정)은 신사, 청담, 봉은사, 강남 등 서울 강남의 부촌을 줄줄이 관통하고 노선 전체가 강남권에 위치해 '진짜 강남 노선'이라고들 한다. 위례중앙광장에서 출발해 가락시장과 학여울, 삼성역, 청담역 등을 거쳐 신사역까지 연결된다. 총 14.7*km*이고 사업비 1조 4,847억 원이 투입돼 정거장 11곳과 차량기지 1곳이 조성될 것이다.

위례신사선의 수혜를 입는 지역은 대표적으로 신사동, 청담동, 삼성동, 위례신도시 등이다. 2027년 개통하면 신사역에서 위례신도시까지 20분 안팎이면 갈 수 있게 된다.

내가 AI의 메카

양재동

풍부한 고급 일자리와 각종 개발호재로 들썩들썩

양재동은 어질고 재주 많은 사람들이 많이 살았다고 하여 '양재(良才)'라는 지명을 가지게 되었다고 한다. 지금도 그 이름에 걸맞게 삼성, 현대, LG, KT 등 대기업 연구소부터 중소기업, 스타트업까지 4차 산업혁명 관련 연구 기관들이 밀집해 있어 인재들이 넘쳐나는 곳이다. 우리나라 최고의 대기업과 중소기업, 스타트업들이 포진해 있어 일자리가 풍부하다는 점은 양재동 전체 부동산이 상승해 온 원동력이라고 할 수 있다.

한때 양재는 대단지 아파트와 이름 있는 학군이 없어서 다른 강남 지역에 비해 부동산 가격이 상대적으로 저평가됐던 것이 사실이다. 그러다 10여 년 전에 우리나라의 내로라 하는 대기업들이 양재 IC 주변으로 모이게 되자 발 빠른 투자자들이 앞다투어 인근의 땅을 구입하려고 했다.

그러다 2014년 즈음에는 건축업자들이 언남고등학교 인근 2차선 도로변의 땅이 평당 2,800만 원 정도였는데 비싸다고 머리를 흔들었다. 지금은 토지 평당 5천만 원을 호가하고 있어 몇몇 건축업자는 건축해서 분양하는 것보다 땅으로 보유했다가 파는 것이 훨씬 수익이 크다고 하소연하기도 한다. 집값도 만만치 않게 올랐다. 양재우성아파트 전용 $84m^2$가 2015년에는 5억 9천만 원이었는데 2020년 초인 2022년에는 17억 원에 매매가 되고 있다.

양재동은 각종 개발호재가 이어지고 있어 향후 강남 가격과 앞서거니 뒤서거니 할 것이라 예상된다. 양재·우면동 일대에 4차 산업혁명의 중추적 역할을 하게 될 R&D 혁신지구 내 AI지원센터가 착공될 것이며 서초타운 복합개발과 GTX-C노선, 위례과천선 교통호재 등으로 대대적인 변화가 다가올 것이기 때문이다.

4차 산업혁명 기반인 인공지능(AI) 산업의 글로벌 혁신 거점

AI 기술이 닿지 않는 산업이 없다고 할 정도로 AI의 영향력은 커지

양재 지역특화발전특구&특정개발진흥지구

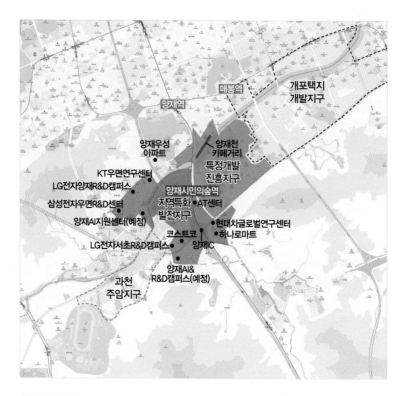

양재역

매봉역

개포택지
개발지구

양재우성
아파트

양재천
카페거리

KT우면연구센터

특정개발
진흥지구

LG전자양재R&D캠퍼스

양재시민의숲역

삼성전자우면R&D센터

지역특화
발전지구

AT센터

양재AI지원센터(예정)

현대차글로벌연구센터

코스트코

하나로마트

LG전자서초R&D캠퍼스

양재IC

양재AI&
R&D캠퍼스(예정)

과천
주암지구

고 있다. 그리고 AI 기술 혁신의 거점으로 양재가 주목받고 있다는 사실은 모르는 사람도 많을 것이다. 서울시는 양재동 일대를 AI 산업의 글로벌 혁신 거점으로 본격 조성하는 '양재AI혁신지구 활성화 계획'을 발표하였다. 삼성, LG, 현대, KT 등의 R&D센터가 들어서 있고 AI와 ICT(정보통신기술) 관련 중소기업·스타트업 360여 개가 밀집해

AI·R&D 캠퍼스 조감도

추후 변경 가능

있는 양재·우면동 일대에 공공 앵커시설이 건립될 예정이다. 양재동 일대는 강남대로 및 경부고속도로를 통해 테헤란밸리와 판교테크노 밸리를 중간에서 연결하는 위치에 있어 AI와 ICT 관련 산업의 인프라와 시장 접근성 면에서 유리하다고 평가받고 있다.

2017년 AI 분야 기술창업 육성기관인 'AI양재허브'가 들어선 데 이어 2023년에는 AI 전문인재 육성을 위한 '카이스트 AI 대학원'과 스타트업 육성을 위한 'AI지원센터'가 들어설 계획이다.

2027년에는 양곡도매시장 이전 부지에 공공 앵커시설의 핵심인 'AI·R&D 캠퍼스'가 개관할 것이다. 이곳에는 AI 관련 기업 540개 사가 입주하고 대학연구소, 정부출연연구소 등이 들어선다. 공공주택 300호도 공급돼 AI 전문인재들이 거주하며 일할 수 있는 환경이 만들어질 것이다.

서울시는 또한 2021년 12월에 양재1·2동 일대(934,764㎡)를 ICT 특정개발진흥지구 대상지로 선정하여 AI·ICT 업종에 전폭적 지원을 하겠다는 의지를 보여주었다. 주택공급은 물론 일자리 창출 효과까지 동시에 누릴 수 있는 정책이라 관심을 모으고 있다. 이 일대는 공공재개발, 모아타운 등이 진행 중이기도 하다.

특정개발진흥지구의 ICT 업종 중소기업은 입주 공간부터, 자금 지원, 지방세 감면 및 건축규제 완화(용적률 상향) 등의 혜택을 받을 수 있다. 예를 들어 권장업종 용도의 산업시설을 건축할 경우, 용적률 최대 120%, 건물 높이제한 최대 120% 추가 상향 등 건축규제 완화 혜택도 받게 된다. 또한 저렴한 기업 입주 시설을 마련하고 자금융자(경영자금 2억 원 등), 세제 지원(취득세 50% 등), 건축규제 완화(용적률 120% 완화) 등의 혜택을 줄 예정이다. 양재 1·2동 일대는 2종일반주거지역(용적률 200%)으로, 진흥지구 지정이 되면 최대 240%의 용적률 혜택이 가능할 것으로 예상된다.

지도를 보면 이 지역들은 왼쪽 아래로는 과천시 주암지구와 붙어 있고, 오른쪽 위로는 개포택지개발지구와 연결되어 있다. 과천 주암지구는 총 6천 가구가 공급되는 공공주택지구이다. 행복주택 386가구, 공공지원 민간임대주택 5,249가구, 단독주택 66가구 등이 입주할 예정이다. 개포택지개발지구 일대 노후 단지들은 대부분 재건축을 통해 고가의 신축 아파트로 탈바꿈 중이다. 양쪽의 대규모 택지개발이 완성되면 서로 시너지 효과를 낼 것으로 기대된다.

GTX-C노선, 위례과천선 호재

양재는 현재 지하철 3호선과 신분당선이 지나고 있다. 앞으로는 GTX-C노선과 위례과천선까지 통과할 예정이다. GTX 종합환승센터 및 GTX-C노선이 확정되었으며 2027년 개통 예정이다. GTX-C노선은 수원에서부터 양재와 청량리를 경유해 양주 덕정역까지 잇는 수도권광역급행철도로 양재와 삼성을 단번에 이어준다. 국토부는 2021년 6월 우선협상대상자를 선정했고, 2022년 실시협약을 할 예정이다.

과천과 위례를 오가는 위례과천선도 양재의 우면역(가칭), 양재시민의숲역을 지날 예정이다. 수서역(3호선), 구룡역(수인분당선), 양재시민의숲역(신분당선)에서 각각 강남권 주요 노선과 환승이 가능해

위례과천선 노선도

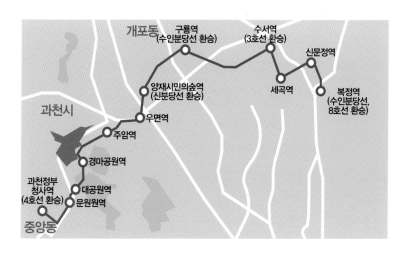

양재에서 강남 업무지구로 이동 시간이 대폭 줄어든다. 양재시민의 숲역은 현재 신분당선이 지나는데, 위례과천선이 개통되면 더블역세권이 된다. 이렇게 역이 없던 곳에 역이 생기고, 단일 노선이 지나던 곳이었는데 더블역세권이 되는 등 교통호재로 양재는 더욱 몸값을 올리고 있다.

상습정체에 파란 불 켜질까

양재는 강남 지역과 경기도를 잇는 길목이다. 경부고속도로 양재IC가 있어 수많은 종류의 버스와 자동차로 얽혀 하루 종일 교통체증에 시달리는 대표적인 동네이다. 북쪽으로 3호선과 신분당선이 양재역이 지나며 중앙에는 신분당선 양재시민의숲역이 있고 광역버스들이 늘 오간다. 서울 강남의 중추도로인 남부순환로와 강남대로가 교차하여 시내버스도 엄청 많다. 2019년에는 염곡·금하지하차도가 개통되어 출퇴근 시간대에 양재IC를 이용하는 차량과 양재대로를 이용하는 차량으로 인한 정체가 어느 정도 완화되긴 했다.

한남IC부터 양재IC 구간을 대상으로 한 경부고속도로 지하화 사업이 완료되면 상습정체 구간이 더욱 완화될 것이다. 한남IC부터 양재IC 구간 지하화는 서초구와 강남구와의 경계를 허물어버리는 사업이다. 경부고속도로를 경계로 나뉘어 있던 서초구가 강남권과 생활권이 연계되는 것이다. 양재IC부터 화성까지의 구간은 국토교통부가, 양재IC부터 한남IC 구간은 서울시가 각각 사업을 추진하고 있다. 국토교통부는 해당 사업을 제2차 고속도로 건설계획에 반영했다.

양재 동네 구석구석

양재역 근처에는 SPC그룹 본사, 서울행정법원, 서울가정법원, 서초구민회관이 있다. 그 아래 자리한 우면동은 개발이 덜 된 편이었으나, 우면보금자리주택지구가 개발되어 대규모 아파트 단지들이 들어섰다. 양재천 옆 양재2동에는 학교들이 모여 있다. 강남대로와 논현로 사이에 매헌초등학교, 언남중학교, 언남고등학교가 위치한다.

초대형 할인마트가 세 개나 모여있는 것도 특징이다. 주말에는 쇼핑하려 나온 주민들로 북적북적하다. 양재IC 주변으로 큰 규모의 농협하나로클럽 본점, 이마트 양재점, 세계 매출 1위를 자랑하는 코스트코 양재점이 대로를 사이에 두고 있다.

이 밖에도 양재는 예술의전당, 강남세브란스병원, 남부터미널, 말죽거리공원, 양재천 등 다채로운 문화시설과 편의시설들이 포진해 있어 꽤 편리한 생활 인프라를 갖추고 있다.

3장

내가
제2의 강남

앞으로 강남 수준으로 레벨업할 이곳들은
돈이 흐르는 곳이다.
부동산을 살 때는 미래가치를 내다보는
상상력과 분석력이 모두 필요하다.
서울의 주인공으로 성장할 이 지역들의
무한한 성장성을 냉철한 눈으로 분석하고
머릿속에 그려보자.

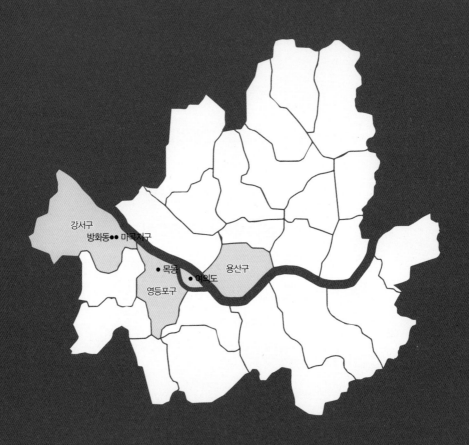

용산 시대가 열리다

용산

서울 중심의 중심, 용산

대통령 집무실이 용산으로 이전되며 한동안 용산이 '부동산 대통령' 자리를 꿰찰 것이라고 연일 미디어에 집중적으로 다루어졌다. 지지 부진했던 용산민족공원 조성 등 용산구의 주요 개발계획과 재건축·재개발에 대한 기대감이 커진 데다 때마침 용산정비창 부지가 초고층 복합업무지구가 될 거라는 소식까지 들리며 이목이 집중된 것이다.

    용산은 서울의 중심에 자리하고 있으며 각종 지하철, 철도 등이

용산 일대 주요 개발 사업 현황

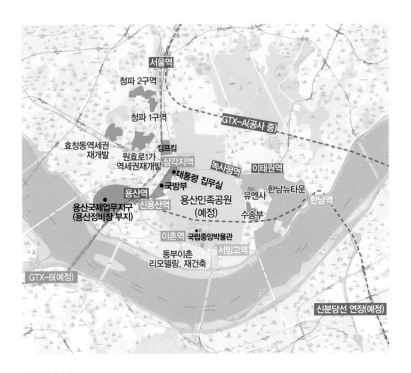

출처: 네이버지도

만나는 교통의 요지이다. 현재 지하철 1·4호선과 KTX가 지나고 있고 앞으로 신분당선과 GTX-B선까지 지날 예정이다. 신분당선 북부 연장은 강남역에서 끝나는 신분당선을 용산역까지 총 7.8㎞ 연장하는 사업으로 용산과 강남을 더욱 가깝게 이어줄 것이다.

용산가족공원, 효창공원, 전쟁기념관, 국립중앙박물관 등 자연과 문화생활 시설이 풍부하고 백화점, 이마트, CGV, 면세점까지 모두 이용할 있는 아이파크몰이 용산역에 있다.

이렇게 입지 조건은 더할 나위 없이 완벽하지만, 떠들썩했던 대형 개발들이 외환위기 등으로 좌초되거나 군사적 요충지라는 이유로 오래도록 지지부진했던 것이 사실이다.

용산은 해방 전후로 미군기지가 들어왔고, 대한민국 정부가 수립된 이후에는 국방부, 합동참모본부, 육군본부가 자리잡아 군사적 요충지가 되었다. '군사시설 보호구역'이란 이유는 오랫동안 용산 개발의 발목을 잡았다.

그러나 앞으로는 상황이 다르다. 용산 미군기지가 반환되어 그 자리에 한국판 센트럴파크가 들어설 것이다. 정비창 부지에 화려한 마천루가 우뚝 설 것이라는 기대는 계속되어 왔지만 언제가 될지는 예측하기 어려웠는데, 2022년 7월 26일에 서울시의 새로운 용산정비창 마스터플랜이 발표되었다. 용산을 아시아의 실리콘밸리로 만들겠다는 의지로 가득 찬 계획이다.

이렇게 묵혀 왔던 대형 개발들이 대통령 집무실 이전을 계기로 착착 진행되리라는 기대감이 다시 용산을 뜨겁게 달구고 있다. 강남보다 더 비싼 지역이 될 것이라는 전망이 현실이 될 가능성이 점점 높아지고 있는 것이다.

제2의 두바이를 꿈꾸다

정비창 용산국제업무지구 개발은 이미 15년 전부터 화제였던 사업이다. 2007년에 용산국제업무지구 개발이 계획되었고, 유래 없이 임팩트가 큰 사업계획이었다. 당시 서울시는 용산에 총 31조 원의 사업비를 투입해 초고층 빌딩 23개를 짓고 동북아 비즈니스 허브로 키우겠다는 야심찬 계획을 내놓았다. 용산역 인근 한국철도공사(코레일) 정비창 부지와 주변 서부이촌동 등 약 518,692㎡ 부지에 제2의 두바이를 만들겠다며 포부를 드러냈던 삼성물산·국민연금 컨소시엄이 우선협상대상자로 선정되기도 했다. 하지만 2008년 세계금융위기와 2009년 용산 참사 등의 악재가 이어지며 결국 2013년에 사업이 백지화되고 말았다. 경기가 안 좋으니 '국제업무지구에 빌딩이 들어서 봤자 누가 들어오겠나?', '수익성 없다.'는 분위기가 이어져 사업자금 마련의 발목을 잡은 것이다. 이 과정에서 용산개발사업 시행자로 선정됐던 '드림허브'가 52억 원의 자산유동화기업어음(ABCP) 이자를 내지 못하고 부도를 맞았다. 111층, 620m의 트리플원을 포함한 초고층 빌딩 23개가 들어서고 지하에는 코엑스 6.5배 크기의 초대형문화시설을 건설할 예정이었던 최첨단 신도시는 소송이 난무하며 시간을 끌다가 결국 신기루처럼 사라졌다.

다시 용산이 화제로 떠오른 것은 2018년 고 박원순 서울시장이 '용산·여의도 개발 마스터플랜'을 발표하면서였다. 하지만 발표하자마자 용산과 여의도 일대 집값이 급등해 부동산을 과열시킨다는 비판이 쇄도하자 무기한 보류하고 말았다.

'마지막 금싸라기 땅' 용산 정비창 부지

서울시는 2022년 7월, 정비창 마스터플랜을 발표하여 여러 차례 추진하다 중단된 용산국제업무지구 개발사업이 다시 시작됨을 알렸다. 용산 정비창 부지는 여의도공원 2배, 서울광장 40배에 달하는 서울에 남은 마지막 대규모 사업지이다. 서울 중앙 금싸라기 땅이 오랫동안 텅 빈 나대지로 남아 있었던 것이다. 서울시 개발구상에 따르면, 용산정비창 일대는 글로벌 하이테크 기업이 모이는 '아시아의 실리콘밸리' 국제업무지구를 중심으로 일자리, 주거, 여가, 문화생활 등 모든 기능이 이루어지는 '직주 혼합' 도시로 조성된다.

전체 부지의 70% 이상은 업무, 상업 등 비주거 용도로 채우고, 30%를 주거 용도(6천 가구 예상)로 채우겠다는 계획이다. 시행자는 공공 기관인 코레일과 서울주택도시공사가 공동으로 맡게 된다.

가장 주목이 되는 부분은 용적률이다. 서울시 최초의 입지규제최소구역으로 지정해 법적 상한 용적률 1,500%를 뛰어넘는 초고층 건물이 들어서도록 할 계획이다. 입지규제최소구역은 복합개발을 위해 용도지역 등에 따른 입지규제를 적용받지 않으며, 별도의 건축물 허용용도·용적률·건폐율·높이 등이 적용된다. 용적률을 최대로 적용한다면 123층의 롯데월드타워보다 높은 빌딩이 들어설 수도 있다. 초고층 빌딩들이 스카이라인을 그리고 도심항공모빌리티(UAM)가 하늘을 나는 용산을 머지 않아 볼 수 있을지 주목되면서 용산은 서울 부동산의 주인공이 되었다.

정비창 부지 개발 조감도

용산국제업무지구에서 용산공원, 한강으로 뻗어나가는 방사형 녹지체계를 구축할 예정이다. 추후 변경 가능하다.(출처: 서울시)

한국판 센트럴파크 '용산민족공원'

옛 미군기지 일대에 조성되는 용산민족공원은 용산 개발의 핵심이다. 국방부 바로 옆에 들어설 이 거대한 공원은 기존의 미군기지가 평택으로 이전하게 되면서 남은 부지에 조성되는 국가 공원이다. 부지 면적만 3,030,000㎡로 여의도공원(230,000㎡)보다 16배 이상 넓고, 미국의 뉴욕 센트럴파크(3,410,000㎡)와 비슷한 규모이다. 국토부는 공원조성비용으로 2조 1400억 원이 필요할 것으로 추정하고 있다.

문제는 미군기지 반환 시점이다. 부지가 다 반환돼야 토양오염 조사가 가능한데 지금까지 반환된 부지는 전체의 10% 정도이다. 국토교통부가 고시한 종합기본계획 변경안에 따르면 공원이 완공되는 데 최소 7년 이상이 걸린다고 한다.

뉴욕의 얼굴이자 심장인 센트럴파크는 어떻게 만들어졌을까? 지금은 한 해 약 3,740만 명이 방문하는 세계적인 공원이지만 공원이 들어서기 전에는 원래 수렁과 진흙밭이었다. 주로 유대인, 독일인, 러시아인 등 동유럽 출신의 가난한 이민자들이 거주했던 곳이다. 어렵게 살아가는 노동자와 서민들은 짬을 내서 교외로 휴가 가기가 어려웠고 1850년대 뉴욕시의 인구는 50만 명으로 늘어나 시민들의 휴식처가 될 공원이 필요하다는 여론이 모아졌다. 1857년 공원 조경 디자인 공모를 열었고, 선정된 디자인은 조경가 옴스테드가의 '시골 들판처럼 손대지 않은'이었다. 옴스테드는 풀 한 포기, 나무 한 그루, 잔디밭, 호수, 언덕 등 사소한 모든 것을 사람의 손으로 만들자고 제안하였고 수십 년간의 시간과 노력이 이 공원에 담겼다. 센트럴파크는 민간단체인 센트럴파크 관리위원회에서 뉴욕시민들의 자발적인 모금으로 공원의 유지관리비의 85%를 충당하여 관리한다. 용산민족공원도 센트럴파크처럼 긴 안목으로 차근차근 조성되어 시민들과 관광객들의 사랑을 받는 서울의 허파가 되기를 기대해 본다.

용산민족공원의 모델인 센트럴파크 주변의 부동산 시세는 어떨까? 센트럴파크 남쪽 끝에는 세계에서 가장 높은 주거 빌딩인 센트럴파크타워가 있다. 2022년 9월, 부동산 개발 업체인 엑스텔이 센트럴파크타워의 펜트하우스를 2억 5천만 달러(한화 약 3,500억 원)에 매물로 내놨다는 기사가 화제가 되었다. 이 펜트하우스는 129~131층의 3개 층 규모로 491평이고 침실이 7개이다. 테라스에서 센트럴파크는 물론 서쪽으로는 허드슨강, 동쪽으로는 이스트강을 볼 수 있다고 한다.

토지거래허가구역 지정

용산 인근 투기수요를 차단하기 위해 국토부는 토지거래허가구역 지정에 나섰다. 용산정비창 부지와 용산역 주변 재개발 구역, 한강로동, 이촌2동 일대 정비사업 구역 중 개발 초기단계에 있는 13개 구역을 토지거래허가구역으로 지정하여 주거지역 $6m^2$, 상업지역 $15m^2$를 초과하는 토지를 취득하려면 사전에 토지 이용목적을 명시해 시·군·구청장의 허가를 받아야 한다. 주택은 실거주, 상가는 직접 경영 등 허가받은 목적대로 토지를 이용해야 한다는 뜻이다. 2020년 5월 15일 공고되어 5월 20일 발효되었고 정부가 2022년 5월 이를 연장하면서 2023년 5월까지 다시 토지거래허가구역으로 묶인다.

이 기간 내에 토지를 취득하려고 한다면 주거용인지 상업용인지 목적을 분명히 해야 한다. 또한 주택을 구입하면 2년을 실거주해야 하고 상가는 2년 동안 직접 영업해야 하며 매매나 임대를 할 수 없으니 이 부분을 꼭 유념해야 한다. 증여나 경매 등 토지거래허가를 받

용산구 토지거래허가구역 지형도면

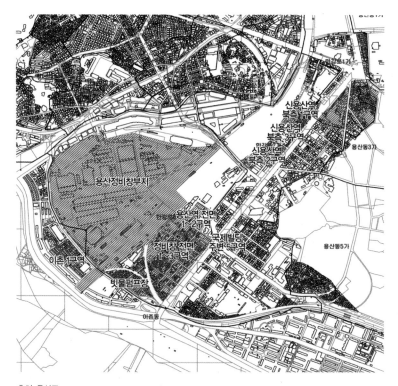

출처: 용산구

지 않고 토지를 취득할 수 있는 방법이 있어 이를 이용하려는 움직임
도 많을 것으로 예상된다.

토지거래허가로 묶인 지역을 보면, 용산정비창 주변으로 각종 사
업들이 추진되고 있음을 알 수 있다. 정비창전면1구역 재개발은 조
합설립인가를 받았고, 정비창전면3구역 재개발은 추진위원회 단계

이다. 국제빌딩주변5구역 재개발은 관리처분계획인가를 받았다. 이 외에도 신용산역 북측 1, 2구역 등 많은 사업들이 활발하게 진행 중이다.

뜨거운 용산 경매 열기

2020년 6월 2일, 용산구 한강로2가의 단독주택 경매를 보면 용산 일대 부동산 시장 열기를 짐작할 수 있다. 나는 이 물건을 낙찰받기를 원하시는 고객의 요청으로 경매에 참여하였다. 경매라도 경락잔금대출을 40~50%밖에 받을 수 없는 상황이라 7억 3,500만 원을 썼는데 결과를 보고는 놀라지 않을 수 없었다. 건물면적 $29m^2$, 대지면적 $46m^2$ 밖에 되지 않은 이 낡은 주택에 45명의 응찰자가 몰린 것도 놀라운 일이지만 감정가 6억 688만 6천 원의 2배 정도인 12억 1,389만 2천 원이라는 높은 가격에 낙찰되어 신문에도 보도되었다. 12억 원을 넘게 쓴 사람만 3명이나 되었다고 한다.

이렇게 높은 가격에 낙찰된 이유는 무엇일까? 이 경매물건의 감정가는 사실 재개발이 발표되기 전인 2018년에 평가되었다. 현재 조합이 결성돼 재개발이 추진 중인 '신용산역북측1구역'에 위치한 물건이데, 신용산역북측1구역은 토지거래허가구역이다. 그러나 일반 매매와 달리 경매는 토지거래허가 대상이 아니기 때문에 이렇게 경매 열기가 뜨거웠던 것이다.

2022년 3월에는 용산구 노후 빌라($55.1m^2$) 지하 1층 물건이 감정가 2억 5천만 원보다 4억 7천만 원 높은 7억 2천만 원에 낙찰됐다. 경쟁도 치열해 70명이 입찰했다고 한다.

용산구의 평당 아파트 가격을 보면 송파구와 비슷해 의외라고 생각하는 사람들도 많다. 용산은 이미 강남 수준으로 가치를 인정받고 있는 것이다.

아주 길게 내다봐야 하는 대형 개발

대규모 개발사업은 정말 긴 시간을 필요로 한다. 2007년 어느 날 찾아온 고객이 대출을 최대한 받아 용산 정비창 부지 근처의 다세대주택을 평당 1억 5천만 원에 매입했다고 하여 깜짝 놀란 적이 있다. 불과 5평 정도밖에 안 되는데 왜 그리 높은 가격에 산 것인지 의아했다. 우려대로 얼마 지나지 않아 시세가 반토막 나고 말았다. 서브프라임 금융위기가 발생했기 때문이었다. 그 시절 외환위기로 은행 대출금을 회수하는 사례가 많았다. 그 고객은 많은 대출을 받아 구매했기 때문에 내심 걱정이 많이 되었다.

15년이 지난 지금에도 그 고객이 물건을 소유하고 있을지 궁금하다. 이런 대규모 개발사업 지역의 부동산은 대출을 많이 받아 취득하면 곤란한 상황에 처할 수 있으니 유의해야 한다.

2020년 즈음에는 용산구 청파동에 5천만 원 정도를 실투자해 소유하고 있는 빌라를 팔지 말지 고민하는 고객이 상담을 청해온 적이 있다. 나는 이 정도의 소액 투자금이라면 여유 있게 기다려도 좋겠다고 조언했다. 근처 아파트 가격이 뛰어오르면 빌라도 발맞추어 가격이 오를 수밖에 없기 때문이다.

한남뉴타운

서울 한강변 황금입지로 꼽히는 한남동 일대에 2~3층 높이의 노후 빌라들이 빼곡한 지역이 있다. 바로 재개발을 앞두고 있는 한남뉴타운이다. '전통 부촌' 하면 평창동, 성북동과 함께 한남동을 꼽는다. 그 중에서도 연예인과 재벌가가 많이 살고 100억 원이 넘는 시세로 사람들의 입에 자주 오르내리는 한남동·이태원동의 단독주택지역은 지하철 이태원 역을 사이에 두고 한남뉴타운과 마주보고 있다. 한남뉴타운은 지금은 허름한 빌라 밀집 지역이지만, 재개발이 완료되면 한강뷰와 남산뷰라는 강점을 가진 고급 아파트촌이 될 것이다.

2003년 재정비촉진지구로 지정된 한남뉴타운은 한남동, 보광동 일대 1,110,205㎡에 총 5개 구역이 있다. 2017년 1구역이 해제된 후 4개 구역이 약 1만 가구 규모로 뉴타운 사업을 추진 중이다. 3구역과 2구역은 사업시행인가를 받았다. 3구역의 시공사는 현대건설이며 디에이치 브랜드를 적용할 예정이다. 4구역과 5구역은 조합설립인가 단계이다. 해제된 1구역도 신속통합기획 2차 공모에 참여해 다시 불씨를 지피고 있다. 1차에서 고배를 마셨고, 2차에 다시 도전하는 이유는 고도제한 규제로부터 상대적으로 자유로울 수 있기 때문이다.

남산부터 한강까지 탁 트여 있는 한남뉴타운 일대는 남산 경관 보

한남뉴타운

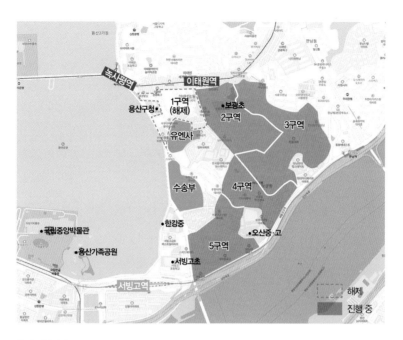

출처: 네이버지도

구역	공급 규모(예정)	진행 단계
한남2구역	1,537가구	사업시행인가
한남3구역	5,816가구	관리처분인가 준비 중
한남4구역	2,394구	조합설립인가
한남5구역	2,660가구	조합설립인가

2022년 8월 기준

호를 위한 고도제한(12~36m)이 있다. 한남동의 초고급 주택인 '한남 더힐', '나인원 한남'이 저층인 이유도 이 제한 때문이다. 그런데 2022 년 3월 서울시가 '2040 서울기본계획'을 통해 층수규제를 폐지하고 심의를 통해 대상지마다 높이 기준을 다르게 적용하겠다고 하여 고도제한 완화에 대한 조합들이 기대감이 높아지고 있다.

후암동, 용산동, 이태원동에도 남산 고도제한에 묶여 있어 개발되지 못한 노후·낙후지역이 꽤 있다. 고도제한은 토지이용계획확인원을 열람하면 알 수 있으니 투자하고자 할 때는 꼭 확인하자. 매수하려는 토지에 개발제한 사항이 있는지 확인하는 것은 필수이다.

용산 정비창 부지 개발이라는 큰 호재 외에도 한남뉴타운에는 반가운 소식이 또 있다. 바로 신분당선 2단계 연장이 되면 이 지역에 보광역이 신설될 수도 있다는 소식이다. 강남으로 환승 없이 한 번에 갈 수 있는 노선이 생기는 것이다.

용산구와 서울시는 국토부에 신분당선 2단계 사업 노선변경을 통해 보광역을 추가해달라는 요청을 하였다. 이렇게 되면 한남뉴타운에서 신사, 논현, 신논현, 강남역까지 1~4정거장이라 10분 이내로 갈 수 있다.

용산 구석구석 진행 중인 재개발

용산구는 곳곳에서 재건축과 리모델링이 진행되고 있다. 그중에서 효창동, 청파동, 원효로 일대 재개발 사업을 한번 살펴보자. 노후 건

용산 일대 재개발 추진 지역

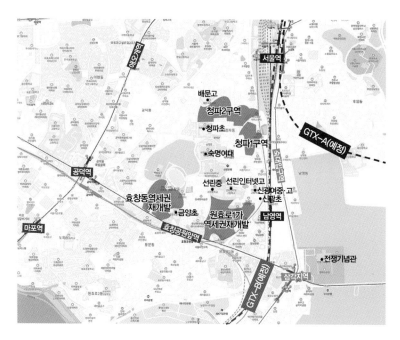

출처: 네이버지도

구역	공급 규모(예정)	진행 단계
효창동역세권재개발	3,342가구	정비계획주민공람
원효로1가역세권재개발	3,316가구	정비계획주민공람
청파1구역재개발	696가구	정비구역 지정
청파2구역재개발	1,994가구	신속통합기획재개발후보지

2022년 7월 기준

축물이 밀집한 지역들로 잇따라 정비구역 지정에 나서고 있다. 아직 초기 단계지만 개발 규모가 합치면 무려 9천 가구에 달한다.

원효로1가 역세권재개발과 효창동 역세권재개발은 용적률을 높여 35층의 고밀개발에 나설 예정이다. 역세권 도시정비형재개발은 민간 사업자가 사업을 신청하면 용적률을 최대 500%까지 적용해 주고, 완화된 용적률의 절반은 임대주택으로 공급하는 방식으로 추진된다. 용적률 인센티브로 고밀 개발이 가능할 뿐만 아니라 노후도 기준도 60%로, 공공재개발(75%)이나 신속통합기획(67%) 등보다 낮다.

청파1구역과 청파2구역도 재개발을 통해 지상 25층 규모의 아파트 단지가 조성될 계획이다. 지하철 4호선 숙대입구역과 인접해 있는 청파1구역은 현재 추진위원회 승인 단계에 있다. 총 32,000㎡ 면적에 696가구의 아파트를 세울 계획이다.

바로 옆에 자리한 청파2구역도 신속통합기획 재개발 후보지로 선정돼 정비계획을 준비하고 있다. 용산구에서는 1차 신통기획 선정 당시 11개 사업장이 지원할 정도로 많은 곳에서 참여하였다. 이 가운데 청파2구역 단 한 곳만이 선정됐다. 청파2구역은 면적이 80,000㎡ 정도이고, 역시 신통기획 1차 후보지로 선정된 공덕동 A구역과 붙어 있어 시너지를 낼 수 있는 구역이다.

강남 부럽지 않은 이촌의 대장주들

용산의 대장주로 거론되는 아파트는 동부이촌동의 노후 아파트들이다. 대표적인 서울의 부촌인 동부이촌동에 위치한 데다 재건축과 리모델링 호재를 업었기 때문이다. '신동아'는 전용 $95m^2$가 25억 8천만 원(2021년 7월)에 거래되었다. '한가람' 역시 구축 아파트지만 입지가 좋고 리모델링 호재까지 있어 전용 $84m^2$가 24억 원(2022년 2월)에 거래되었다.

그 외 용산구 재건축 하면 빠질 수 없는 아파트로 '한강맨션'이 있다. 동부이촌동 고급아파트를 대표하는 단지로, 2017년 6월 재건축 조합이 설립됐다. GS건설이 시공사로 선정되었고, 재건축이 끝나면

동부이촌 리모델링, 재건축 현황

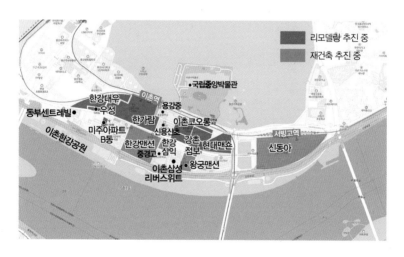

출처: 네이버지도

이촌동 리모델링·재건축 추진 단지

구분	단지명	공급 규모(예정)	진행 단계
리모델링	현대맨숀	750가구	해체 중
	이촌코오롱	959가구	시공사 선정 중
	강촌	1,114가구	시공사 선정
	한가람	2,341가구	조합설립인가
	한강대우	863가구	주민동의서 접수 중
	우성	272가구	조합설립인가
재건축	신동아	1,620가구	조합설립인가
	한강맨션	1,441가구	사업시행인가
	한강삼익	329가구	사업시행인가
	왕궁맨션	300가구	조합설립인가

2022년 8월 기준

660가구에서 1,441가구의 새 아파트로 탈바꿈한다. 지하철 4호선 이촌역과 가깝고, 한강변이라 알짜배기 입지로 유명하다. 2022년 4월 전용 $88m^2$가 38억 원에 거래되어 그 유명세를 입증했다.

동부이촌동 일대에는 리모델링 추진 단지가 많다. 사업 속도가 가장 빠른 단지는 현대맨숀으로 2021년 이주를 마치고 해체 중이다. 롯데건설이 시공하며 하이엔드 브랜드인 '르엘'을 적용할 예정이다.

이촌코오롱은 2022년 3월 삼성물산을 시공사로 선정했다. 이 외에도 우성아파트는 2022년 5월 리모델링 조합설립인가를 받았고 우성아파트와 인접한 한강대우도 리모델링 사업을 추진하고 있다.

'강촌' 아파트는 2022년 7월 용산구청으로부터 리모델링 안전진단 결과 C등급을 받았다. 재건축은 안전진단에서 D등급 이하를 받아야 사업 추진이 가능하지만 증축형 리모델링 사업은 'C등급 이상'이면 추진할 수 있다. 층수를 높이는 수직증축을 추진할 경우에는 B등급이 필요하지만 강촌아파트는 건물을 옆으로 늘리는 수평증축을 계획하고 있기 때문에 C등급이면 사업 추진이 가능하다. 사업이 완료되면 기존보다 113가구 늘어난 1,114가구 규모가 된다. 2022년 2월 현대건설을 시공사로 선정했는데 현대건설은 프리미엄 브랜드 '디에이치'를 제안했다.

8천만 원으로 이태원동에 투자한 사례

2022년 40대 박○○ 님의 이태원동 빌라 투자 사례이다. 매매가 5억 8천만 원이고 전세 5억 원을 안고 매수하여 실투자금은 8천만 원이었다. 반지하이지만 천장이 높고 인테리어가 잘 되어 있어 전세가 잘 나가는 집이다. 이태원동은 전문직 직장인이나 외국인이 많아 인테리어가 잘 되어 있고 깨끗하면 세가 잘 나간다. 이 지역은 요즘 신속통합기획에 신청하려고 동의서를 받고 있다.

학군 불패의 신화

목동

계획된 신시가지의 편리성

불모지였던 목동을 제2의 강남으로 만든 건 88올림픽이다. 88올림픽과 아시안게임을 앞두고 세계 각국에서 오는 외국인들을 의식한 정부는 도시미관정비사업을 시작하였다. 이때 서울 도심의 주요 간선도로변 지구들은 물론 양천구 목동과 신정동 일대 140만 평이 개발되었다. 목동이 포함된 것은 김포공항에서 서울로 오는 길목에 있었기 때문이다. 그리하여 목동에 새 아파트가 속속 들어섰지만 처음엔 상습 침수지역이라는 과거의 이미지 때문에 오랫동안 미분양되었다.

그러나 목동의 진짜 가치는 시간이 갈수록 드러났다. 처음부터 계획된 목동 신시가지는 '보여주기'라는 목적을 가지고 만들어졌기 때문에 반듯하게 잘 정돈되어 있고 학교, 공원, 상가, 보행자 통로를 모두 계획하여 조성해 살기 편리하고 쾌적하다. 이러한 장점은 점점 인정받았고 88올림픽 즈음에는 강서권의 대표 아파트로 자리 잡게 되었다.

목동 지도를 보면 중심 도로 두 개를 일방통행으로 하고 이를 중심으로 아파트 단지, 상가, 보행자 통로를 만들었다는 것을 알 수 있다. 아파트 단지 안에 학교를 마련했고 각 단지는 서로 소통이 가능하게 설계한 계획도시이다. 개발이 마무리된 1988년 당시 300여 개 동의 아파트가 들어서면서 목동은 더이상 '서울의 불모지'가 아닌 '별천지'가 되었다.

목동과 분당 같은 계획된 신도시는 가격이 장기적으로 오른다. 무계획적으로 난개발된 용인, 수지 지역이 분당보다 가격이 낮게 형성되는 것도 그런 이유에서이다. '계획'이 무엇보다 중요함을 알 수 있는 대목이다.

명불허전 중학교 학군

드라마 'SKY캐슬'이 한국의 입시 현실을 잘 반영해 높은 시청률을 기록한 적이 있다. 출산율은 계속 내려가지만 교육열은 여전히 한국

사회의 큰 화두라는 사실을 잘 알려주는 드라마이다.

주거 단지는 학군이 형성되는 데 중요한 역할을 한다. 소득 및 생활 수준이 비슷한 중산층이 많이 사는 대규모 아파트 단지는 우수한 학군을 형성하는 핵심 요소이다. 대치동, 반포 같은 강남권뿐 아니라 목동, 중계동 등 아파트 밀집 지역을 중심으로 명문 학군 및 우수 학원가가 형성된 것만 보아도 잘 알 수 있다.

학군 하면 대표적으로 강남, 서촌, 중계, 목동, 송파를 꼽는다. 이 중 목동 부동산 가격이 중계보다 비싼 이유는 중학교 학군 때문이다. 목동의 학군은 중학교 학군이 주도하고 있다고 해도 과언이 아니다. 여러 좋은 학교가 있지만 월촌중, 신목중, 목운중이 명문으로 꼽히고 있다. 목동 지역 중학교들은 명덕외고, 송도국제중학교, 특수고, 자사고 입시에서 우수한 성적을 내왔다. 고등학교 입시를 위해 목동으로 꾸준히 인구가 유입되는 이유이다. 그래서 목동은 학군과 학원가 수요가 꾸준해 전세 매물이 거의 없고 매매 물량이 늘 많지 않다.

특히 오목교역에서 목동역으로 이어지는 학원가는 마포구나 영등포구에서도 찾아올 정도로 유명세를 떨치고 있다. 목동은 강남과 달리 대형학원들이 많다. 강남에는 오히려 대형 입시학원이 없다. 대치동 학원가 외에는 학원가가 없기도 하거니와 1:1 개인지도가 많기 때문이다.

목동은 중학교 학군이 유명하다 보니 초등학교 학군도 형성되어 있다. 의외로 강남은 학군이 중학교부터 있지는 않다. 목동 신시가지 아파트촌 외의 지역에는 빌라가 많고 신시가지 학군에 속하지 않는 아파트와 신시가지 아파트는 가격 차이가 많이 난다. 동네별로 차이가 많이 나다 보니 자연스레 신시가지 아파트 중심으로 학군이 생긴 것이다. 다른 곳 집값은 떨어져도 학군이 형성된 곳은 집값이 떨어지지 않으니 부동산 가격의 차이도 점점 벌어지게 되었다.

목동에는 아이가 아주 어릴 때 이사 와서 유치원부터 고등학교 졸업할 때까지 사는 사람들이 많다. 학군 때문에 목동으로 오는 가족은 12년 이상을 바라보고 오는 것이다. 한 번 이사 오면 아이 때문에 이사 가지 못하고 10~20년 이상 목동에 살게 되니 목동이 고향이나 마찬가지이다.

학군이 탄탄하면 전세가 내려갈 일이 없어 조금 비싸게 집을 사도 손해 볼 위험이 적다. 학군은 지역의 가치를 올리는 데 결정적으로 기여하기 때문이다. 그래서 교육과 교통, 환경 중에 가장 중요한 부동산 투자 조건을 꼽으라면 단연 학군이다. 아이들 교육을 위해 좋은 지역으로 이사했는데 자산이 크게 불어난 경우를 심심치 않게 볼 수 있다.

그래서 신시가지 주변의 1개 동, 2~3개 동으로 된 소형 아파트들은 목동 주요 학군에 속한다면 매물도 거의 없다. 특히 깨끗한 아파트라면 전셋값이 계속 올라서 갭투자 하기에 좋아 더더군다나 매물이 나오지 않는다.

소규모 아파트 갭투자 사례

목동에는 길 건너서 명문 학교를 갈 수 있는 200~500세대 소규모 아파트들이 있다. 2019년에는 많은 고객들에게 갭투자 매물로 소개하여 매매를 중개하였다. 목동어울림아파트 같은 경우 시세가 6억 원이 안 되었는데 전세보증금 5억 원을 안고 매수한 고객은 1년 만에 전셋값이 8천만 원 올라 투자금을 거의 회수하였다. 2022년 매매 시세는 12억~13억 원 정도이다.

목동 재건축 열풍

목동 신시가지 아파트를 빼놓고 재건축 얘기를 할 수는 없다. 재건축 추진 중인 총 14개 대규모 아파트 단지가 모여 있는 데다 학군이 좋고 교통이 편리하며 인프라를 갖추고 있어 재건축 열기가 늘 뜨겁다.

　그동안 목동 1~14단지 중에서 안전진단을 통과한 곳은 6단지 한 곳밖에 없었다. 6단지는 단지 내에 초·중·고등학교가 모두 있고 자사고인 양정중, 한가람고가 가까운 아파트이다. 이제 새 정부가 안전진단, 초과이익환수제, 분양가상한제 등의 규제를 완화할 것이라는 기대감에 재건축·재개발 포기까지 고려했던 나머지 13단지도 들썩이고 있다. 신시가지 단지 재건축이 모두 순탄히 진행된다면 신도시급 규모로 떠오를 가능성이 높다. 다만 토지거래허가구역으로 묶여 있어 실거주 목적이 아니라면 투자하기 어렵다.

목동 신시가지 재건축 지역

출처: 네이버지도

159

목동 재건축 단지 용적률

행정구역	단지명	준공년도	가구 수	용적률(%)
목동	1단지	1985	1,882	129
	2단지		1,640	124
	3단지		1,588	122
	4단지		1,382	114
	5단지		1,848	117
	6단지		1,368	139
	7단지		2,550	125
신정동	8단지	1987	1,352	165
	9단지		2,030	138
	10단지		2,160	127
	11단지	1988	1,595	125
	12단지		1,860	123
	13단지	1987	2,280	161
	14단지		3,100	146

전철 목동선과 강북횡단선

경전철 목동선, 강북횡단선 등 교통호재도 목동의 가치를 올리는 데 한몫하고 있다.

목동에서 청량리를 연결하는 강북횡단선은 목동역부터 시작해 DMC역, 정릉역을 지나 청량리까지 가는 경전철로 2028년 완공될 예정이다.

신월동에서 남부순환로를 따라 양천고등학교를 지나고 오목교역을 거쳐 당산까지 이어지는 경전철 목동선도 기대를 모으고 있다. 총 10.87km 규모로 2022년 착공을 목표로 하고 있다.

시흥 대야역에서 목동역까지 연결하는 '신구로선'도 최근 사전타당성조사 용역이 발주된 상태다. 국토교통부는 신구로선을 2021년 6월 '제4차 국가철도망구축계획'에 신규로 반영했다. 온수역에서 출발해 2호선 환승이 가능한 양천구청역, 5호선 환승역인 목동역까지 운행할 예정이다. 개통되면 시흥에서 목동까지 45분 걸리던 시간이 15분으로 줄어든다. 이렇게 잇따르는 교통호재로 교통인프라가 계속 탄탄해지면 목동의 유동인구 수는 더욱 많아질 것이다.

국회대로 상부 공원조성사업

국회대로를 전면 지하화해 상부에 전 구간 평면화 공원을 조성하는 '국회대로 공원화' 사업도 추진되고 있다. 신월IC와 국회의사당 교차로를 잇는 국회대로 7.6km를 지하화하고 그 상부에 숲·광장·커뮤니티 시설 등이 조성된다. 공원 면적은 약 110,000m^2이고 서울광장의 8배에 달하는데 경의선·경춘선 숲길 같은 선형(線形)공원이다.

공원에는 친환경 녹지공간 '그레이트 필드', 아이를 위한 체험공간 '키즈팜 빌리지', 수변공간 '물의 정원', 주민편의시설 등이 조성될 예정이다.

목동 신시가지를 관통하는 이 대규모 공원이 생기면 목동의 주거환경은 보다 쾌적해질 것이다.

서울 마지막 논밭의 천지개벽

마곡지구

이것이 진짜 천지개벽이다

1996년 지하철 5호선이 개통되며 생긴 마곡역은 당시 논밭뿐인 허허벌판이었기 때문에 정차할 이유가 없었다. 무려 12년간 무정차역이다가 2008년에야 정차역이 되었는데, 사람들은 오랜 세월 논 한가운데 덩그러니 놓여있던 마곡역을 12년 동안이나 한 사람도 내리지 않아 유령역이라고 불렸다.

모두가 마곡역을 잊어갈 때쯤 서울주택도시공사(SH)가 아파트 분양을 시작했다. 예상대로 미분양되었고, 서울주택도시공사는 미분양 해소를 위해 파격적으로 2013년 4월 1일부터 2013년 12월 31일까지 미분양 주택을 취득하는 경우에는 양도소득세를 5년간 감면해 주는 특혜를 주기도 했다.

역대급 개발호재, 마곡지구

강서구의 아파트 값은 최근 1년간(2021년5월~2022년5월) 서울 25개 자치구서 가장 높은 상승세를 보였다. SH공사에서 분양한 마곡 M밸리 단지들은 분양 당시 전용 84㎡ 기준 분양가가 4억 원이었는

서울 주요 자치구 1년간 아파트 값 상승률

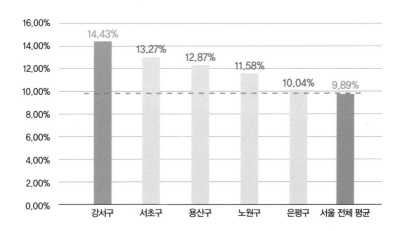

출처: KB부동산(2021년 5월 기준)

마곡 도시개발구역

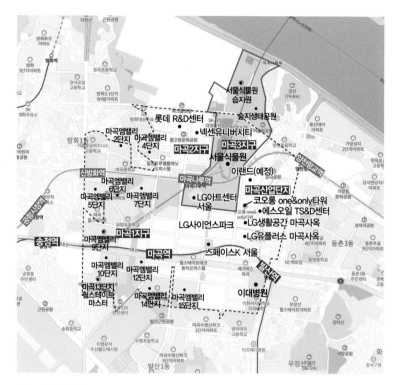

출처: 네이버부동산

데, 2022년 이 아파트들 전용 84m²의 시세는 16억 원 정도이다. 가파른 시세 상승의 이유는 바로 '일자리'에 있다. 1970년대 강남 개발 이후로 마곡 개발처럼 큰 호재는 없었다. LG그룹이 3조 원을 투입하여 12개 동에 LG전자, 화학, 디스플레이 등 그룹계열사 연구개발 시설이 입주했고, 이랜드, 코오롱, 대우조선해양, 에쓰오일 등 대기업과 중견기업 등 약 170개 업체가 입주했거나 입주할 예정에 있다. 호텔과 컨벤션센터를 비롯한 MICE 산업시설 등도 조성될 것이다. 이렇게 일자리가 계속 늘어나 마곡지구를 '작은 강남'이라 부르기도 한다. 일자리뿐만이 아니다. 교통, 주거, 환경, 상업까지 모든 호재를 다 거머쥔 곳이 마곡이다.

서남부 외곽의 전형적인 베드타운이었던 강서구가 2017년 서울에서 매매가 상승률 최고 자리에 올라 강남을 제쳤다고 언론에 떠들썩하게 보도되었는데 바로 마곡지구의 영향이다. 강서구는 그동안 1990년대 저소득층의 주거복지를 위해 임대아파트를 등촌, 가양, 방화 등에 공급하였고 주로 복도식 아파트였다. 그래서 이 지역의 아파트들이 낡은 복도식 아파트라는 인식이 생겨 가격이 저평가되어 온 것이 사실이다. 하지만 마곡산업단지의 천지개벽으로 주변의 아파트 가격까지 덩달아 급상승하였고 결국 강서구가 서울에서 매매상승률 최고가를 찍게 된 것이다.

마곡엠밸리5단지 전용 114㎡는 2022년 3월 20억 5천만 원으로 최고가를 갱신했다. 마곡엠밸리6단지 전용 84㎡는 2022년 3~4월에 16억 5천 만 원을 찍었다.

마곡지구의 엇갈린 평가

2015년에 찾아온 고객들 중에 부동산 전문가가 서울의 부동산 가격이 떨어질 것이니 절대 집을 사면 안 된다고 해서 그 말을 믿고 안 사고 있었더니 오히려 부동산 가격이 점점 더 오르고 있어 어떻게 해야 할지 모르겠다고 토로하는 분들이 많았다.

이상하게도 소위 부동산 전문가가 풀어내는 비관론을 들어보면 정말 정확하고 논리적으로 설명하는 듯 보이지만 같은 객관적 자료를 보고 전혀 다른 해석을 하는 경우가 많아 놀랄 때가 많다.

지식과 정보가 확실히 정립되지 않은 보통 사람들은 부동산 전문가들이 정확한 자료와 통계를 보여주며 설명을 하고 결론을 내리면 믿지 않을 수가 없다. 그러나 호재를 악재로 판단하는 경우도 비일비재하다는 것을 우리는 꼭 알아야 한다.

마곡지구 비관론을 한 번 살펴보자. 첫 번째는 5호선, 9호선, 공항철도의 트리플 역세권이 오히려 악재라는 의견이다. 그 이유를 들여다보면, 교통이 좋기 때문에 중·고등학생 자녀가 있는 집은 학군이 좋은 목동으로 가고, 더 싸고 깨끗하고 넓은 집에 살고 싶은 사람은 일산이나 김포로 간다는 것이다. 근거로 마곡지구의 핵심기업인 LG에 다니는 사람들이 마곡에 사는 경우가 5%도 안 된다는 통계를 그럴듯하게 덧붙이니 꽤 예리한 평가인 듯 보인다.

하지만 마곡의 대장주 아파트들은 대부분 2014년부터 입주하였기 때문에 아직 주변 학군이 형성되려면 조금 더 기다려야 한다. 그리고 같은 조건인데 더 싸고 더 넓은 곳에 가고 싶어서 김포나 일산으로 가는 것이 아니라, 저렴하기 때문에 가는 것이다. 강남에 직장이 있어도 강남에 사는 사람이 5%가 안 되는 것도 같은 이치이다.

두 번째 비관론은 마곡 상권이 죽어서 공실이 많아 곧 경매로 쏟아질 것이라는 썰이다. 그러나 상권은 경기의 장기침체와 주 52시간 근무 등으로 마곡뿐만이 아니라 강남 상가도 비어 있는 곳이 많은 것이 현실이다.

세 번째 비관론은 투기세력이 갭투자로 마구 집을 사들였는데, 70~80%였던 전세가율이 점점 떨어져서 요즘은 50% 내외이기 때문에 아파트 가격도 반토막이 날 것이라는 이야기이다. 그러나 마곡 주변 지역의 아파트는 1990년대에 지어져 재건축 얘기가 나올 정도이다. 그러니 전세 가격이 높을 리가 만무하다. 강남에는 전세가율이 50%가 안 되는 아파트가 수두룩하다. 그렇다고 강남과 바교하면 어떡하냐고 반문하는 이들도 있을 것이다. 아파트 가격이 강남과 같아질 것이라는 이야기가 아니다. 이미 오를 대로 오른 강남보다는 시세 상승률이 더 높을 수 있다는 점을 간과하지 말자는 것이다.

이처럼 보기에 따라서 전혀 다른 결론에 도달할 수 있다. 어떤 투자이든 투자로 돈을 버는 사람들은 낙관론자이다. 가장 위험한 것은 비관론에 빠져 손을 놓고 아무것도 하지 않는 것이다.

마곡지구의 5가지 강점

마곡 집값이 들썩이는 이유는 무엇일까? 바로 각종 개발호재들에 대한 기대감 때문이다. 마곡의 각종 개발호재가 기대를 모으는 이유 5가지를 알아보자.

첫째, 대기업과 중견기업 170개 업체가 입주했거나 입주할 예정이다. 마곡 R&D시티는 여의도의 1.2배이고, 상암 DMC의 6배이다. 유독 마곡지역의 집값이 상승하고 있는 이유는 바로 직주근접 선호 현상 때문이다. 대장주인 마곡엠밸리5, 6단지 등은 신고가를 갱신하기 바쁘다. 직주근접이 이렇게 중요하다. 학군이 단점이라고 얘기하는 사람들도 있는데 마곡 R&D 시티와 이대서울병원 등에서 일하는 고소득 전문 직장인들이 거주하므로 자연적으로 학군은 형성될 수밖에 없다.

둘째, 5호선, 9호선 급행과 공항철도가 지나는 마곡은 일자리가 많은 여의도와 강남, 서울역으로의 출퇴근이 용이하다. 2024년 개통 예정인 광명-서울고속도로 또한 마곡지역의 교통호재이다. 향후 개통되면 서해안고속도로 진입이 용이해진다.

셋째, 마곡의 가장 큰 호재인 마이스 복합단지 개발이 진행되고 있다. 롯데건설은 이곳에 컨벤션센터와 호텔 등이 결합된 서울 최대 규모 마이스 복합단지 '르웨스트'를 지을 예정이다. 2024년 준공이 목표로 대지면적은 무려 82,724m^2이다. 상암동 월드컵경기장의 9배에 달하는 규모이며 연면적도 약 82만m^2로 코엑스의 2배다. 생활형 숙박시설, 컨벤션센터, 호텔, 문화 및 집회시설, 판매시설, 업무시설 등이 들어설 예정이다.

넷째로 쾌적한 환경과 문화시설을 들 수 있다. 2018년에 개장한 약 500,000m^2의 대규모 서울식물원(보타닉공원)은 여의도공원 면적의 2배 크기이다. 1,036병상의 이대서울병원이 들어섰으며 역삼 LG아트센터가 문을 닫고 2022년 10월 마곡에 새롭게 개관한다. 건축 거장 안도 다다오가 설계한 새 극장은 연면적이 기존의 2배에 달하고 1,335석 대극장과 365석 소극장으로 이루어져 전보다 규모가 크다. 코오롱이 만든 미술관 스페이스K와 김포공항 인근에 지어진 국립항공박물관은 새로운 여가 명소로 떠올랐다.

다섯째, 서울 가양동에 있는 약 3만 평의 CJ공장부지에 대규모 지식산업센터가 공급된다. 지하 5층~지상 17층의 대규모 복합시설이 들어설 예정이다. 강서구의 '삼성 코엑스'로 불릴 정도로 어마어마한 규모이다.

저평가된 인근 지역을 노리자

엄청난 호재로 이미 가격이 많이 오른 마곡지구보다는 아직 저평가된 인근 지역을 면밀히 검토해보면 불경기에도 떨어질 염려가 없는 곳을 찾을 수 있을 것이다. 강남 주변 지역들이 어떻게 변화했는지를 모르는 사람은 없을 것이다. 향후 강남 못지 않게 변화할 마곡의 주변 지역을 그냥 지나칠 수는 없다. 예를 들어 마곡지구 내의 여의도공원 2배 면적의 식물원을 도보로 이용할 수 있는 방화뉴타운이 마곡지구의 최대 수혜지일 것이다.

마곡 개발의 최대 수혜지

방화뉴타운

마곡 넘보는 신흥주거지, 방화

오랜 세월 관심받지 못하던 방화는 그야말로 마곡지구 때문에 주목받는 주인공이 되었다. 110만 평의 공영개발로 눈부시게 변화한 마곡에 고급 일자리가 대거 창출되면서 방화도 함께 관심을 받게 된 것이다.

강서구는 마곡지구가 생기기 전에는 서울 외곽지역으로 인식되었었다. 마곡지구가 개발되고 자리를 잡으면서 서울을 대표하는 신흥

마곡지구와 방화뉴타운

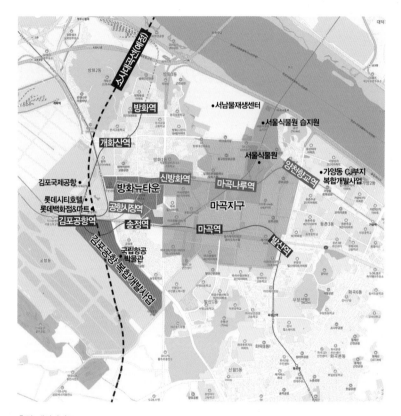

출처: 네이버지도

중심지로 가치가 높아지기 시작한 것이다. 강서구 인구가 늘어난 이유도 다 마곡 때문이다. 강남 아파트 가격이 불패신화를 기록하며 가파르게 상승한 이유도 결국 풍부한 고급 일자리였다는 점을 생각해보면 마곡의 미래가치를 가늠해볼 수 있다.

앞으로도 마곡권역 일대의 개발은 계속 이어질 것이다. 서울 2030 플랜 '서울 7대 광역중심'에 선정되며 추가 개발이 계속 진행될 예정이다.

그중 마곡 마이스 복합개발사업은 총 사업비 2조 5천억 원 규모로 마곡지구 내 컨벤션센터, 호텔, 문화 및 집회 시설 등 마이스 인프라를 구축하는 사업이다.

가양동 CJ공장부지에는 대규모 지식산업센터가 생길 계획이다. 또한 김포공항을 중심으로 대규모 주거, 복합건물, R&D시설 등을 조성하는 김포공항 복합개발사업 '김포에어시티'도 본격적으로 추진되고 있다. 여기에 방화뉴타운 사업도 가속도가 붙고 있어 방화동의 가치는 점점 높아지고 있다.

미니 신도시급 방화뉴타운

마곡은 일자리는 많지만 아파트가 별로 없다. LG, 이랜드, 코오롱, 대우조선해양, 에쓰오일 등 대기업이 많이 들어와 일자리는 포화상태인데 아파트가 상대적으로 너무 적은 것이다.

그래서 지하철 9호선 신방화역을 사이에 두고 마곡지구와 마주하고 있는 방화동이 주거타운으로 떠오르게 되었다. 마곡지구의 왼쪽으로 붙어있는 방화뉴타운은 2003년 11월 서울시 2차 뉴타운으로 지정됐다. 원래 1~8구역과 긴등마을 총 9개 구역으로 나눠 개발하려던 곳이지만 뉴타운 지정 이후 금융위기를 겪으면서 정비사업

방화뉴타운

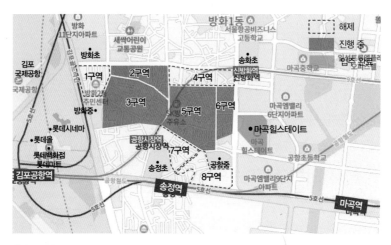

출처: 네이버지도

추진에 어려움을 겪었다. 마곡지구 입주가 시작된 2014년까지도 미분양 사태가 속출했고 부동산 경기가 좋지 않으니 방화뉴타운 사업도 지지부진하였다. 결국 2016년 1·4·7·8구역이 해제되었고, 현재 2·3·5·6구역만 남아 사업을 이어가고 있다. 긴등마을 구역은 재건축을 완료하여 2015년 마곡힐스테이트로 탈바꿈했다.

방화뉴타운의 대장주는 중심에 위치한 방화5구역이다. 사업 부지 면적이 99,520㎡로 정비사업이 진행 중인 4개 구역 가운데 규모가 가장 크다. 지하철 5호선 송정역과 9호선 신방화역·공항시장역과 가까운 '트리플 역세권' 단지여서 입지 또한 뛰어나다. 지하 3층~지상 15층의 28개 동으로 구성되어 있으며 1,657가구가 들어설 계획이

방화5구역 조감도

다. 2022년 9월 GS건설이 시공사로 선정되었다.

　사업 진행 속도가 가장 빠른 방화6구역은 HDC현대산업개발이 시공사로 선정되었고 2022년 연말 일반분양을 할 계획이다. 방화5구역에 이어 두 번째로 규모가 큰 방화3구역은 2020년 8월 조합설립인가를 받은 이후 서울시 건축심의 절차를 밟고 있다. 사업 속도가 가장 느렸던 방화2구역은 서울시가 추진하는 신속통합기획 후보지로 선정되어 진행이 빨라질 것으로 보인다.

공항주변 고도제한 완화 기대감

방화뉴타운은 마곡지구와 김포공항 사이에 위치하고 계속된 개발호재로 주목받고 있지만 인근 위치한 공항 때문에 고도제한이 있다 보니 단지 규모가 크지 않기는 하다. 강서구는 전체 면적의 97%가 고도제한을 받고 있다. 김포공항 반경 4㎞ 이내는 57.86m(13층 높이) 이상 건물을 지을 수 없는 고도제한 지역이다. 마곡지구에는 약 15층 이상의 건물을 지을 수 없다. 강서구는 공항 고도제한으로 인한 민원이 많고 주민들의 재산권 침해가 심각하다고 판단해 규제 완화를 적극적으로 추진 중이다. 이런 노력으로 2018년에는 항공학적 검토 전문기관이 지정 고시되는 등 고도제한 완화를 위한 제도 기반이 마련되었다. 고도제한 완화에 대한 기대감이 높아지면서 추후 완화되면 높게 짓기 위해 사업 진행을 멈춘 곳도 있다.

방화뉴타운은 재개발이라고 알고 있는 사람들이 많은데 재건축이다. 기반시설이 양호하다는 이야기다. 재건축이기 때문에 조합설립인가 이후 조합원 입주권 거래에 제한이 있고 재건축 초과이익환수제 적용 대상이라는 점도 염두에 두어야 한다.

투자하기 좋았던 시절

방화뉴타운은 대출규제가 없던 시절에는 조합설립인가 전이라면 실투자금 1억 원 정도로 살 수 있는 매물이 많았다. 2019년 대구에서 온 박○○ 님은 방화5구역의 빌라를 실투자금 1억 2천만 원으로 매입했다. 군산에서 온 김○○ 님은 방화3구역 단독주택을 실투자금 1억 8,300만 원으로 매입하였는데, 아파트 2채 분양권을 받을 수 있는 소위 '1+1' 물건이었다. 김○○ 님은 아직도 계절마다 지방의 특산물을 선물로 보내주신다.

2018년 초반 송파구에 살고 계셨던 40대 주부 박○○ 님은 방화3구역의 물건을 3억 3천만 원에 매입하였는데, 전세를 안고 대출을 받아 실투자금은 7,500만 원이었다. 현재 시세는 8억 5천만 원이고 재건축 시 순수익 10억 원 이상의 수익을 볼 수 있다.

당시 이런 매매를 쉴 틈 없이 빈번하게 성사시켰고, 시세차익은 항상 기대 이상이었다. 물론 이제 방화에 소액으로 투자 가능한 시기는 지났다.

방화뉴타운 내 매물 가격은 긴등마을이 재건축되어 탈바꿈한 마곡힐스테이트의 시세를 지표로 삼으면 된다. 마곡힐스테이트 전용 84㎡의 최근 실거래가는 15억 원(2021년 8월)이다. 마곡힐스테이트 시세에서 예상 추가 분담금을 뺀 금액이 대략적인 매물 호가가 되는 식으로 가격이 형성된다.

이런 계산은 매우 단순하고, 뻔히 보이는 것이다. 단계에 따라 계속 프리미엄이 붙으므로 비례율과 현금 투자 대비 수익률을 따져서 비교적 초기 단계에 들어가는 것이 좋다. 일찌감치 뛰어들면 큰돈 들이지 않고도 큰 수익을 기대할 수 있다. 재건축 초창기였던 2016년 초까지만 해도 방배동도 5천만 원으로 투자가 가능했다. 재건축이 활성화되면서 2016년 하반기에는 매물 가격이 올라 5천만 원으로는 투자가 어려워졌다. 그래도 1억 원 정도만 투자하면 조합원 자격을 얻을 수 있었다. 그러다 1~2년 후에는 실투자금이 3~5억 원은 필요할 정도로 시세가 올랐다. 그래서 일자리가 풍부한 마곡지구와 가까워 시세상승이 기대되고 당시 1억 원 대로 투자할 수 있었던 방화뉴타운으로 눈을 돌리게 된 것이다.

안 뜰 수가 없네

방화는 앞으로 더욱 전망이 좋아질 것이다. 마곡의 풍부한 고급 일자리, 새롭게 들어선 편의시설과 문화시설의 수혜를 고스란히 방화가 받게 될 것이기 때문이다. 아직 학군이 없어 아쉽지만 좋은 일자리들이 몰려들면 자연스럽게 학군도 자리잡게 마련이다.

교통도 편리하다. 지하철 5호선 김포공항역, 개화산역, 방화역, 지하철 9호선 공항시장역, 개화역이 있어 대중교통 이용이 용이하다. 차량으로 김포공항까지 15분 이내로 갈 수 있고 올림픽대로, 강변북로, 인천국제공항고속도로 등으로 들어서기 편하다.

방화뉴타운이 완성되면 방화동의 가치는 더욱 높아질 것이다. 재건축을 앞둔 구역은 이미 오를 대로 올라 있지만 재건축을 진행하게 되면 그 주변 아파트도 많이 오르니 눈여겨봐야 한다. 그래서 재건축 지도를 보면 투자의 길이 보인다.

차원이 다른 변화

여의도

넘치는 대형 호재로 들썩이는 영등포구

1970년대 중반에 강남이라 하면 당연히 영등포라고 생각했다. 강남이 개발될 때 일컫던 영동(永同)이라는 말은 영등포의 동쪽을 의미한다는 것을 아는 사람은 많지 않을 것이다. 영등포가 강남의 기준이었던 시절이다.

　다시 서울의 중심으로 도약하기 위해 변화를 꿈꾸는 영등포는 개발할 곳이 많아 호재가 넘쳐난다. 이렇게 호재가 많이 쏟아지는 지역

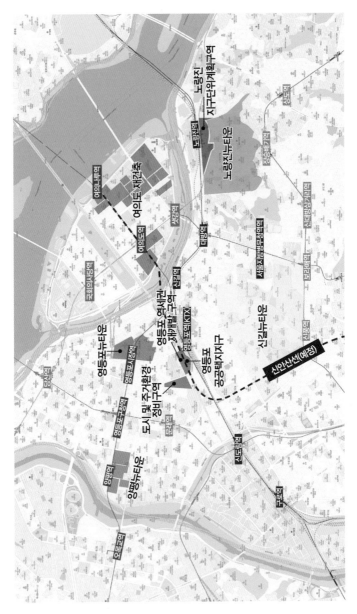

영등포 일대의 주요 개발 사업

노량진
지구단위계획구역

노량진뉴타운

영등포 역세권
재개발 구역

영등포
공공택지지구

신길뉴타운

신안산선(예정)

여의도 재건축

영등포뉴타운

도시 및 주거환경
정비구역

영등포타운

양평뉴타운

도 드물 것이다.

영등포의 교통호재부터 살펴보자. 2·5호선 환승역인 여의도역에 안산과 여의도를 잇는 2025년 신안산선이 개통될 예정이다. 관악산역부터 신림역을 지나 여의도 샛강역까지 이어지는 신림선은 2022년 5월에 개통했다. GTX-B 노선도 지날 예정인데, 2024년 경 착공 목표로 추진 중이다. 인천 송도, 인천시청, 부평에서부터 신도림, 여의도, 서울역, 청량리, 남양주 마석까지를 잇는 길이 82.7㎞의 노선이다.

여의도의 한강변 오래된 아파트들이 60층으로 재건축될 것이라는 기대도 영등포의 분위기를 들뜨게 하고 있다. 영등포뉴타운, 신길뉴타운, 영등포역 인근 집창촌과 노후 공장지대 개발, 영등포 쪽방촌 개발, 문래동 대선제분 개발 등 대형 개발호재도 풍부하다. 이제 영등포의 낡고 노후된 지역들은 곧 사라지고 문화시설, 주상복합단지들이 들어서 새로운 영등포로 탈바꿈할 것이다. 재개발로 새 아파트 대단지들이 여기저기 들어서고 한강변에 초고층 아파트들이 스카이라인을 그리고 있는 영등포를 상상해 보자.

영등포구에 새로운 랜드마크가 우뚝 서 한동안 화제가 되었다. 롯데월드타워, 부산 엘시티에 이어 국내에서 세 번째로 높은 초고층 복합단지 '파크원(318m)'이 2020년 준공되었고 이어서 2021년에는 '더현대 서울'이 오픈해 여의도에 많은 인파가 몰렸다. 파크원은 여의도공원과 한강공원 사이에 위치하고 있으며 녹색건축인증 1등급 건축물로 전기차 충전소, 친환경에너지 설비 등을 갖추고 있다. 호텔 페

어몬트 앰배서더 서울도 파크원에 입점해 있다. 페어몬트 호텔은 세계 5대 호텔그룹 중 하나로 세계적으로 가장 사진이 많이 찍히는 호텔 브랜드이다. 파크원 같은 상징적 의미를 가진 랜드마크가 들어서면 많은 일자리가 창출될뿐더러, 유동인구도 많아지고 주변 상권도 발달하게 된다.

영등포역 인근의 롯데백화점, 신세계백화점이 복합쇼핑몰 타임스퀘어와 함께 대규모 상권을 형성하고 있는 영등포구의 상권은 더현대 서울의 등장으로 더욱 활기를 띄게 되었다. 수많은 인파들이 몰리며 오픈 1년 만에 매출 8,005억 원을 찍기도 했다. 최근에는 더현대 서울 인근 IFC몰 인수전이 치열했다. 신세계그룹은 더현대 서울에 맞먹는 대형 쇼핑센터를 개장하겠다며 IFC몰 인수전에 참여했지만 미래에셋자산운용이 최종 매입하기로 결정됐다. 인수대금이 무려 4조 1천억 원에 달한다. 여의도 상권이 앞으로 더욱 크게 발달할 것이라는 것을 짐작케 하는 금액이다.

돈과 권력의 도시, 여의도

여의도는 여러 금융사와 금융감독원, 서울국제금융센터(IFC), 전경련회관 등이 밀집해 있어 대한민국 금융의 중심지라 불린다. 서울의 경제적 역사에서 여의도는 중심에 있었는데 그 계기는 1979년 명동에 있던 증권거래소를 여의도로 옮긴 일이었다. 이후 1982년 대우증권, 1985년 대신증권 등 주요 증권사들이 여의도에 몰려들었다. 현재는 몇몇 증권사들이 본사를 다른 곳으로 옮기긴 했다.

국회의사당과 방송국도 여의도의 터줏대감들이다. 고소득 일자리가 넘친다는 점은 여의도의 가장 큰 강점이다.

여의도는 지하철 5호선과 9호선이 지나고 마포대로, 서강대교 등을 이용해 이동하기가 편리하다. IFC몰, 현대백화점 등 쇼핑 및 문화 시설이 잘 갖춰져 있으며, 한강 및 여의도공원 등 도심 속 자연을 누리기에도 좋다. 한림성심병원, 카톨릭성모병원 등 의료시설도 잘 갖춰진 편이다.

예전에 국회의사당 자리에는 양말산이 있었다. 홍수에 잠기면 양말산 꼭대기가 살짝 머리를 내밀고 있어서 너나 가지라며 '너의 섬' 즉 여의도(汝矣島)라 불렸다는 이야기가 있다. 지금은 누구나 가지고 싶은 곳이 됐지만 말이다.

60년 전만 해도 모래밭이었던 이곳에 63빌딩, 서울국제금융센터(55층), 전경련 회관(51층), S트레슈(36층), 파크원 타워(69층) 등 초고층 빌딩이 들어섰으니, 과거를 되짚어 보면 정말 놀라운 일이 아닐 수 없다.

이렇게 동여의도는 고층 빌딩숲을 이루고 있지만, 국회의사당과 여의도공원 사이에 있는 서여의도 지역은 1976년부터 국회의사당의 존엄성과 안보를 이유로 고도제한(높이 54m)이 있어 13층 높이의 건물들만 모여 있다.

여의도의 22개 아파트 단지 중 16곳은 준공된 지 40년 이상이 지났는데 그동안 재건축 진행이 순조롭지 않았다. 2006년 오세훈 서울시장이 '한강 르네상스'(한강공공성회복 선언) 프로젝트를 추진하면서 여의도 재건축에 청신호가 켜지나 했는데, 기부채납 비율 등에 관한 이견이 좁혀지지 않았고, 부동산 경기침체 등으로 무산되고 만 것이다. 2018년에는 서울시가 여의도와 압구정을 통개발 하려고 단지 단위 재건축을 추진했지만 이후 부동산 시세가 껑충 뛰면서 다시 난항을 겪었다.

이렇게 우여곡절을 겪어온 여의도 재건축 진행에 다시 속도가 붙기 시작했다. 그 계기는 신속통합기획인데, 서울시가 최근 주거용 건축물의 층고 규제인 '35층 룰'을 폐지하기로 하면서 더욱 활기를 띠며 진행되고 있다. 1975년 지어진 한양아파트(588가구)도 신통기획을 신청해 용적률 600% 이하, 지상 최고 50층짜리 1천 가구 이상의 대단지로 조성할 계획이다.

여의도에서 가장 오래된 시범아파트가 60층 높이 초고층 아파트로 재건축을 추진하고 있다는 소식은 여의도 전역을 들썩이게 하고 있다. 삼부아파트, 한양아파트 등 신속통합기획 추진이 결정된 단지가 하나둘씩 늘어나고 있는 상황이다.

한강 조망권에 대한 이견을 좁히지 못해 통합이 쉽지 않았던 대교·장미·화랑아파트는 통합재건축을 추진한다. 이 세 아파트는 한강뷰 아파트라는 강점도 있지만 여의도초, 여의도중, 여의도여고, 여

여의도 재건축 지역

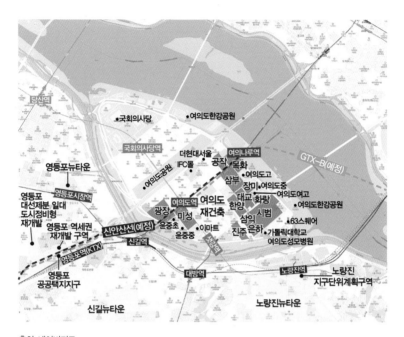

출처: 네이버지도

의도고가 단지와 붙어 있다는 점도 큰 매력이다. 한강공원이 가까우며 지하철 5호선 여의나루역을 이용하기 편리하다. 나무랄 데 없는 좋은 입지이다.

모두 사업 초기 단계인데도 한강변 스카이라인이 바뀔 것이라는 기대감에 여의도 재건축 아파트들은 강세를 보이고 있다. 영등포구의 대장주도 바로 여의도의 재건축 진행 중인 아파트들이다. 시범아파트 118m^2는 26억 원(2021년 4월)원에 거래되어 최고가를 찍었다.

대형평수로만 이루어진 서울아파트는 한강변아파트로 전용 $139m^2$의 신고가는 42억 5천만 원(2022년 3월)이다. 전용 $200m^2$는 45억 원(2021년 4월)에 거래되어 최고가를 갈아치웠다. 한강 조망, 여의도역과의 거리, 최대 규모 백화점인 더현대 서울과 IFC몰 접근성을 따져보면 서울아파트가 왜 강세를 띄는지 알 수 있다. 여의도공원, 여의도한강공원과도 가까워 주거환경도 좋은 편이다. 삼부아파트와 통합재건축을 추진하다 분리돼 나온 목화아파트도 서울아파트와 비슷한 입지조건을 가지고 있다. 목화아파트는 전용 $67m^2$가 16억 8,300만 원(2020년 8월)에 거래되었다.

2020년에 수정아파트에 거주하던 대학교수 김○○ 님이 수정아파는 세대 수가 작으니 20억 원에 팔고 싶다며 방문했는데, 이 일대는 재건축이 되면 가치가 급상승할 텐데 군이 팔 이유가 없었다. 주변과 통합재건축을 하면 되기 때문에 대단지 신규아파트가 될 가능성도 있으니 계속 보유하시라고 말씀드렸다. 이후 2년 만에 시세는 26억 원으로 껑충 뛰었다.

4장

미래 가치
상승 지역

서울에 더 이상 무슨 큰 변화가 있을까 싶지만,
끊임없이 역동적으로 변화를 모색하는 세계적인 도시가 서울이다.
변화의 조짐을 먼저 느끼고, 발 빠르게 대응해야
부동산의 흐름을 타고 상승하는 부동산에 안착할 수 있다.

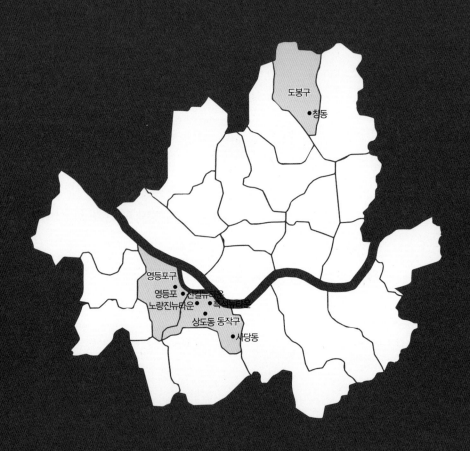

도봉구
•창동

영등포구
영등포• •신길뉴타운
노량진뉴타운• •흑석뉴타운
상도동 동작구
•사당동

서남권 최대 규모의 뉴타운

 ## 신길뉴타운

1만 가구 고급 주거지역으로 다시 태어나다

상전벽해가 된 곳으로는 신길뉴타운이 둘째가라면 서러울 것이다. 서울 서남권 최대 규모의 뉴타운인 신길뉴타운은 이미 전체 16개 구역 중 '래미안', '자이', '힐스테이트' 등 8곳이 입주를 마쳤거나 앞두고 있다. 단독주택과 다세대주택이 뒤섞여 있던 이 지역은 약 1만 가구의 새 아파트 단지로 바뀌고 있는 중이다.

영등포구에 속한 신길뉴타운은 서쪽으로는 양천구와 구로구가,

북쪽으로는 여의도 등이 인접해 있다. 지하철 1·2·7호선이 지나고 있어 교통이 좋은 편이며 최근 여의도 샛강~관악산(서울대역)을 연결하는 신림선 경전철이 개통되면서 교통망이 더욱 좋아졌다. 반가운 교통호재도 기다리고 있는데, 수도권 서남부 지역과 서울 도심을 연결하는 신안산선 복선전철이다. 2025년에 개통될 예정으로 신길에서는 도림사거리역과 신풍역을 지날 계획이다. 개통되면 신길에서 서울 주요 업무지구 등으로 출근하기가 편해지는데, 특히 여의도로 접근하기가 훨씬 좋아지게 된다.

신길뉴타운 위로는 영등포역 중심으로 개발이 활발하다. 영등포 역세권 재개발 구역(집장촌), 영등포 공공택지지구(쪽방촌), 영등포 대선제분 일대 도시정비형 재개발 등 낙후된 곳을 대대적으로 탈바꿈하는 사업이 진행 중이다.

학군이 아직 약한 것은 사실이다. 그러나 시세가 오르면 학군도 좋아지게 마련이다. 여의도나 마포도 예전엔 학군이 약한 것이 약점이었으나 지금은 학군이 좋아지고 시세도 높게 형성된 것을 보아도 이를 알 수 있다.

신길뉴타운의 완공 아파트들

신길뉴타운에서 최초로 완공된 아파트는 래미안프레비뉴(11구역)이다. 최고 25층 높이의 아파트 12개 동으로 이루어졌으며 949가구이고 2015년 12월 준공되었다.

신길뉴타운

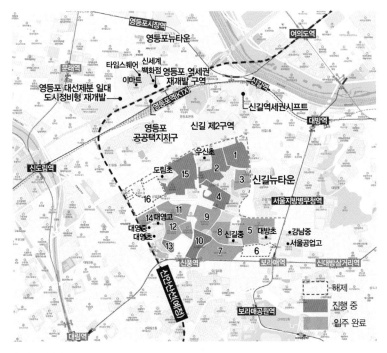

출처: 네이버지도

5구역은 '보라매 SK VIEW'로 탈바꿈되었다. 최고 29층이며 18개 동으로 이루어졌고 1,546가구이다. 2020년 1월 준공인가를 받았다.

7구역은 삼성물산의 '래미안에스티움'으로 재탄생했다. 최고 27층 높이의 아파트로 19개 동으로 이루어졌고 1,722가구이며 2017년 4월 준공을 마쳤다.

8구역의 신길파크자이는 최고 27층이며 6개동으로 이루어졌고

신길뉴타운 진행 단계

구역	단지명	가구 수	진행 단계
1구역			공공재개발
2구역			도시공공주택복합사업 지구 지정
3구역	더샵파크프레스티지	799	입주 완료
4구역			도시공공주택복합사업 후보지 지정
5구역	보라매SK뷰	1,546	입주 완료
6구역			정비 해제
7구역	래미안에스티움	1,722	입주 완료
8구역	신길파크자이	641	입주 완료
9구역	힐스테이트클래시안	1,476	입주 완료
10구역	푸르지오써밋(가칭)	812	민간 재건축. 2023년 분양 예정
11구역	래미안프레비뉴	949	입주 완료
12구역	신길센트럴자이	1,008	입주 완료
13구역	GS건설	630(예상)	공공재건축, 시공사 선정
14구역	신길센트럴아이파크	612	입주 완료
15구역			도시공공주택복합사업 후보지 지정
16구역			정비 해제

2022년 8월 기준

194

641가구가 들어섰으며 2021년 12월 입주했다.

2021년 10월 입주한 9구역은 현대건설의 '힐스테이트클래시안'으로 다시 태어났다. 최고 29층 높이의 아파트로 14개 동으로 이루어졌고 1,476가구가 들어섰다.

12구역은 신길센트럴자이가 되었다. 최고 29층 높이의 아파트로 12개 동 1,008가구의 규모이다.

14구역은 HDC현대산업개발의 신길센트럴아이파크가 되었다. 28층 6개 동으로 구성되었고 612가구가 지어졌으며 2019년 2월 준공인가를 받았다.

신길3구역은 더샵파크프레스티지(799가구)로 탈바꿈하여 2022년 7월 준공되었다.

신길뉴타운의 신축 아파트들은 2022년 8월 기준으로 평당 4,700만 원~4,800만 원 정도의 시세를 형성하고 있지만 초반만 해도 분위기는 좋지 않았다. 2013년 신길뉴타운의 첫 분양단지였던 11구역 래미안프레비뉴는 부동산 시장 침체로 평균 청약 경쟁률 1.49대 1로 순위 내 마감에 그쳤고 정당계약에서는 미분양을 기록했다. 신길동의 분위기를 확 바꾼 아파트로 평가받는 대장주, 래미안에스티움도 평균 5.08대 1의 낮은 분양 경쟁률을 기록했다. 지금은 정말 그랬을까 싶지만 이런 대장주 아파트 전용 84m^2가 분양가 5억 5천만 원이었는데도 미분양되었던 시절이다.

신길뉴타운의 나머지 퍼즐

신길뉴타운의 나머지 구역들은 오랫동안 사업이 정체되었다. 그런데 이전 정부가 주도하는 각종 공공 정비사업 후보지에 대거 포함되면서 다시 활기를 띄기 시작했다. 2020년 정부가 내놓은 공공재개발

공공재개발, 공공재건축, 공공직접시행은 어떤 점이 다를까?

이전 정부가 선보인 5·6대책의 공공재개발, 8·4대책의 공공재건축, 2·4대책의 공공직접시행정비사업은 비슷비슷해 보이지만 사업 주체와 방식, 투기방지책 등에서 차이점이 있다.

공공재개발과 공공재건축은 공공(LH·SH)이 사업시행자로 참여해 용적률 및 인허가 절차 단축 등을 해주는 대신 일정 물량을 공공임대 등으로 기부채납받는 방식이다. 소유권은 공공에 넘어가지 않고 사용권만 맡기게 되며 분양도 민간 분양을 중심으로 이루어진다.

반면 2·4대책의 공공직접시행정비사업은 소유권을 공공에 넘기고 아파트 우선 공급권을 받은 뒤 사업이 끝나면 다시 분양받고 그 차액을 지불하는 방식이다. 분양은 공공분양으로 이루어지며 우선공급권을 받지 못하는 경우 현금청산된다. 공공직접시행 사업방식으로 진행하는 재건축은 재건축 초과이익 부담금을 부과하지 않는다. 한편 과도한 인센티브 혜택과 재산권 침해 논란을 잠재우지 못하면서 최근 국토부는 공공직접시행 정비사업의 추가 후보지를 추가 선정하지 않기로 했다.

2·4대책의 도심공공주택복합사업은 특별하게 개발구역으로 지정되어 있지 않아 주민 스스로 의사를 합치하기 어려운 역세권이나 준공업지, 저층주거지 등을 대상으로 한다. 공공이 단독으로 시행하는 공공직접시행정비사업과 달리 주택건설사업자와 공동시행하는 등 민관공동 시행도 가능하다.

신길뉴타운 10구역 조감도

출처: 서울시

(5·6대책)과 공공재건축(8·4대책)을 비롯해 2021년 2·4대책의 도심 공공주택복합사업(도심복합사업) 후속조치로 신길뉴타운 해제 지역이 정비사업 후보지에 선정되면서 물꼬가 하나둘씩 트이기 시작한 것이다.

신길뉴타운 16개 구역 중 6개 구역이 사업을 진행 중인데 신길1구역은 공공재개발을 추진하고 있다. 13구역은 공공재건축을, 2·4·15구역은 도심 공공주택복합사업을 하고 있다. 신길10구역(남서울아파트)은 신길뉴타운에서 유일하게 민간 재건축으로 사업이 이뤄지고 있다.

신길2구역은 2021년 3월 31일 도심복합사업 후보지로 발표된 이후 9개월 만에 지구지정이 되어 좋은 성과를 냈다. 뉴타운 해제라는 아픔을 겪은 곳으로 도심복합사업 1차 후보지로 선정되면서 재개발을 재추진할 수 있게 되었고 최고 35층, 18개 동, 총 2,786가구의 아파트로 다시 태어날 예정이다.

공공재건축을 추진 중인 13구역은 지난 2021년 3월 21일에 조합설립인가를 받고 GS건설을 시공사로 정했다. 신미아파트, 백조빌라, 태양빌라 등이 포함된 이 구역은 지하 5층~지상 35층, 5개 동으로 이루어졌고 601가구로 탈바꿈하게 된다. 지하철 7호선 신풍역이 바로 앞에 있어 교통환경이 좋고 대길초등학교, 대영초등학교, 대방초등학교가 가까워 알짜 입지를 갖추고 있다.

낙후된 이미지를 벗고 신흥주거지로

영등포

영등포뉴타운

영등포뉴타운 사업은 영등포동 2·5·7가 일대 총 144,578㎡ 규모 부지에 3,552가구 신축 아파트와 상업·업무시설을 짓는 프로젝트로 2003년 시작됐다. 일자리 지역인 여의도와 가깝고 지하철 5호선 영등포시장역을 걸어서 이용할 수 있다.

6구역으로 나뉘어 재개발이 진행되고 있고, 입주를 마친 신축 단지들은 속속 영등포의 대장주의 자리를 꿰차고 있다. 북쪽에 자리한

영등포뉴타운

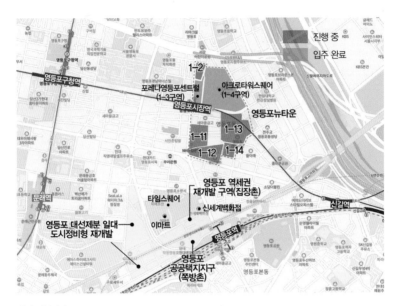

출처: 네이버지도

1-3구역과 1-4구역은 사업을 완료하고 입주까지 마친 상태이다.

가장 사업 규모가 큰 1-4구역에는 '아크로타워스퀘어'가 들어섰다. 1,221가구이며 2017년 입주를 마쳤다.

인근 1-3구역은 포레나영등포센트럴로 탈바꿈했으며 아파트 185가구, 오피스텔 111실이 2020년 10월 입주했다. 규모는 크지 않지만 영등포시장역과 바로 연결된다. 83㎡이 2021년 5월 12억 8,800만 원에 거래되었다.

영등포역과 영등포구청 일대의 대장주로는 '아크로타워스퀘어',

'문래힐스테이트', '문래자이'가 꼽힌다. 아크로타워스퀘어는 2022년 6월 전용 84m^2가 17억 2,500만 원에 거래되었다. 5호선 영등포시장역에서 가까워 교통이 편리하고, 영등포역의 타임스퀘어, 이마트, 신세계백화점 등을 걸어서 갈 수 있다. 문래힐스테이트는 전용 84m^2가 2021년 9월 15억 6,750원에 거래되었다.

영등포뉴타운 가장 북측에 자리한 1-2구역은 계룡건설이 지상 34층 아파트 220가구와 오피스텔 70실, 그리고 상업시설을 건설할 계획으로 조합설립인가를 받은 상태이다.

바로 건너편 1-13구역은 관리처분인가를 마쳤다. 33층 5개동 659가구 규모로 대우건설과 두산건설이 사업을 추진하고 있다. 단지명은 '영등포센트럴푸르지오위브'이다. 1-11구역과 1-12구역은 2020년과 2019년 조합설립인가를 완료한 상태이다. 동남상가 일대인 1-11구역은 영등포시장역에서 도보 3분 거리이며 영등포로터리에 자리 잡고 있어 교통이 편리하다. 38층 3개 동 715가구의 주상복합이 될 예정이다.

1-12구역은 13가구가 건립될 예정이었으나 인근 정비구역지정 단계인 1-14구역, 1-18구역과 함께 통합개발을 추진 중이라 단지규모가 커질 수 있다.

영등포역 집창촌, 쪽방촌의 환골탈태

청량리에 이어 영등포 일대가 변화하고 있다. 과거 청량리처럼 노후 공장과 유흥시설이 밀집해 있었던 영등포역 일대는 지난 50년 동안 그늘이 드리웠다고들 했다. 사실 영등포역 근처는 몇 년 전만 해도 임장을 가면 노숙자 때문에 제대로 돌아보기도 어려운 동네였다.

드디어 이 낡은 동네에 새바람이 불기 시작했다. 2021년 4월 서울시가 영등포 도심역세권 도시정비형 재개발 구역 정비구역 및 정비계획 결정을 가결하면서부터이다. 집창촌엔 최고 44층 높이의 주상복합 아파트가 들어설 것이다. 쪽방촌에는 새로운 공공 주거개발 방식을 도입하였다. 주민들은 정비기간 동안 임시 집에 머물다 준공 후 새 아파트에 입주하게 될 것이다. 쪽방촌 부지 11,016㎡에 2026년까지 청년·행복주택 등 917가구가 들어설 예정이다.

영등포 타임스퀘어 뒤편에 위치한 문래동 대선제분 일대 재개발 1-1구역도 2022년 3월 사업시행인가를 완료하였다. 이곳에는 지상 19층의 공동주택 141가구와 오피스텔, 근린생활시설이 들어설 계획이다. 바로 옆에 타임스퀘어가 위치한 몰세권이자 영등포역이 도보권인 역세권이다.

양평동 개발 현황

영등포구 일대는 신길동을 제외하고는 평지이다. 넓은 평야에 공장, 상업지구, 주거지가 개발되어 녹지는 부족한 편이다. 1990년대 초반까지는 문래, 양평, 당산에 공장들이 몰려 있었다. 이 공장들이 하나둘씩 이전하면서 중소형 아파트는 물론 대규모 아파트 단지와 지식

양평동 재개발 지역

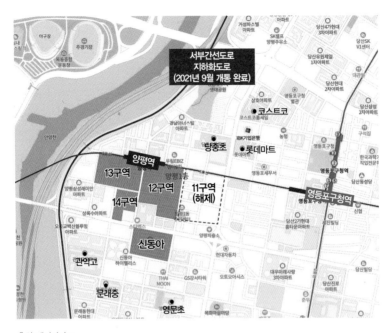

출처: 네이버지도

산업센터가 들어서고 있다.

구로가 가산디지털단지를 중심으로 업무지구가 형성되어 시세가 껑충 뛰었듯이, 양평동도 지식센터가 들어서고 재개발이 완공되면 그 정도 수준으로 키맞추기할 가능성이 있다. 천 세대 이하의 소규모 재개발이 많다는 점이 아쉽기는 하다.

지하철 5호선 양평역세권 주거지는 재개발로 변화를 앞두고 있다. 5호선 양평역 2번 출구를 기준으로 우측으로는 2021년 1월 서울주택도시공사(SH공사)의 공공재개발 공동사업시행 1호 사업지로 선정된 양평13구역과 양평14구역이, 좌측으로는 GS건설이 진행 중인 양평12구역이 자리한다. 역세권이면서 안양천 바라볼 수 있으며 주변에 코스트코와, 롯데마트 등 대형유통매장이 많고 10분 정도 걸어 영등포역까지 가면 타임스퀘어, 신세계백화점 등 대규모 쇼핑몰을 이용할 수 있다. 안양천만 건너면 학군이 좋기로 유명한 목동이 자리하고 있기도 하다.

양평13구역은 지난 2009년 정비구역 지정을 마쳤지만 사업이 10여 년 동안 지지부진했다. 그러나 SH공사가 양평13구역 조합과 공동으로 사업을 시행하기로 결정하면서 개발 속도가 빨라졌다. 양평12구역(707가구)은 GS건설이 시공을 맡았으며 조합원분양과 일반분양을 앞두고 있다. 양평14구역은 추진위원회 승인만 마친 상태이다.

한편 양평동 아래 문래동 5·6가 일대의 7개 아파트 2천여 가구가 뭉쳐 통합 리모델링을 추진하고 있어 시너지를 낼 것으로 보인다.

서울 서남부 중심축으로 평가받는 서부간선지하화도로가 2021년 9월 1일 개통되어 인근 부동산이 더욱 주목받게 되었는데 특히 양평동이 직접적인 효과를 누리고 있다. 서부간선도로는 24시간 막히는 상습 정체구간이었다. 이 도로가 지하화되어 성산대교 남단에서 금천IC까지 30분대에 이르던 출퇴근 통행 시간이 20분 정도로 단축되었다. 지하화로 도로 소음과 오염도 줄어들었다. 앞으로 지하화도로 상부에는 줄어든 차도 공간은 자전거도로와 녹지를 조성하는 등 친환경 공간으로 탈바꿈할 예정이다.

리틀 반포

흑석뉴타운

흑석동의 화려한 비상

예전에 흑석동은 덜렁 중앙대학교 하나 서 있는 언덕배기 동네였다. 동·서·남쪽이 산으로 둘러싸여 지형이 폐쇄적이라 외부와 단절되어 조용한 산동네였던 흑석동이 이렇게 갑자기 빠르게 발전한 것은 강남, 마곡, 여의도 등 업무지구를 모두 관통하는 지하철 9호선 들어오면서부터이다. 사실 흑석동은 숨은 진주와 같은 곳이었다. 여의도와 강남권 진입이 편리하고 특히 반포에서는 15분 거리이다. 9호선 흑석역이 있으며 경북고속도로와 강변북로 진입이 편리하여 교통이 편리할 뿐 아니라 한강변이라는 큰 강점을 가지고 있다. 이렇게 알짜 입지를 가지고 있지만 낙후된 생활환경으로 오랫동안 크게 주목받지 못하던 흑석동이 주목 받는 주거지역으로 변신한 것은 예정된 일이었다. 최근 KB부동산 지표를 살펴보면 흑석동 아파트의 3.3m^2당 시세가 5천만 원을 돌파했다. 논현동이 5,086만 원인 것을 감안하면 왜 흑석동을 '서(西)반포', '준강남'이라고 하는지 알 수 있다.

서쪽으로는 국립서울현충원이 자리하고, 남쪽으로는 상도1동과 맞닿아 있으며 서쪽으로는 노량진1동과 경계한다. 북쪽으로는 한강 건너 바로 이촌동이 있다. 국립서울현충원, 반포한강공원 등이 가까워 자연환경을 누리기에 좋다는 점도 큰 장점이다. 쟁쟁한 노량진뉴타운, 상도동, 흑석뉴타운의 나머지 재개발이 모두 완성되면 이 세 지역은 서로 시너지를 내어 더욱 빛을 발할 것이다.

'리틀반포' 흑석뉴타운

흑석뉴타운은 강남 핵심 재건축 단지인 반포주공1·2·4지구와 가까이 있고 한강뷰도 가능해 재개발 기대주로 평가받는다. 1~11구역 중 4~8구역은 이미 신축아파트 입주가 완료됐다. 흑석 4구역은 흑석한강푸르지오(863가구), 5구역은 흑석한강센트레빌1차(655가구), 6구역은 흑석한강센트레빌2차(963가구) 7구역은 아크로리버하임(1,073가구), 8구역은 롯데캐슬에듀포레(545가구)로 탈바꿈했는데, 합치면

흑석뉴타운

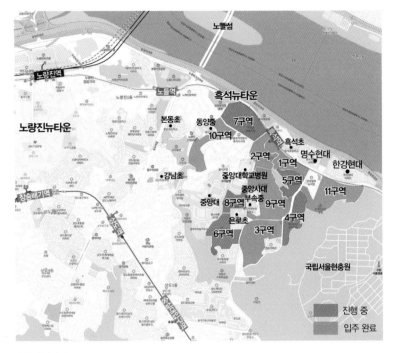

출처: 네이버지도

무려 4,099가구에 달한다. 동작구에 유명 브랜드 아파트들이 속속 들어선 것이다.

새롭게 탄생한 이 아파트들은 속속 흑석동 대장주로 떠올랐다. 2019년 2월 입주한 아크로리버하임 전용 $84m^2$의 일반분양가는 6억 원 중반에서 8억 원 중반이었으나, 2022년 2월 25억 4천만 원(5층), 4월에는 24억 8천만 원(10층)에 거래되어 기염을 토했다. 가격이 3배

흑석동 주요 아파트 시세

단지	사용승인	거래일	분양가	면적	실거래가
아크로리버하임	2019년 12월	2022년 4월	6.7억~8.5억 원	전용 84㎡	24억 8천만 원
흑석한강푸르지오	2012년 8월	2022년 5월	6.9억 원	전용 84㎡	17억 원
흑석한강센트레빌 II	2012년 12월	2022년 4월	6.2억~7.5억 원	전용 84㎡	16억 원
흑석한강센트레빌 I	2011년 9월	2022년 8월	5.7억~7억 원	전용 84㎡	17억 4천만 원

2022년 8월 기준

가량 상승한 것이다. 분양 당시는 비싸다고들 평가했지만, 2017년 11월에 분양권이 11억 1,400만 원에 팔린 적도 있다.

한강뷰라는 점 때문에 발표 당시 가장 핫한 뉴타운이었던 흑석뉴타운이 '리틀반포'라 불리는 이유는 반포 재건축에 투자하기 부담스러운 실수요자들이 유입되고 있기 때문이다. 그만큼 투자금이 만만치 않게 필요한 곳이다.

재개발사업 진행 중인 흑석뉴타운 5개 구역

흑석뉴타운은 5개 구역에서 재개발사업이 진행되고 있다. 흑석뉴타운의 마지막 사업지인 흑석1구역은 2022년 3월 조합설립을 마쳐 드디어 퍼즐을 완성했다. 흑석9구역(830가구)은 철거와 주민 이주를 준비하고 있다. 흑석3구역(999가구)은 내년 2023년 입주를 목표로 공사를 진행 중이다. 흑석11구역(1509가구)은 2021년 3월 사업시행인가를 받았고 대우건설을 시공사로 정했다. 흑석2구역(305가구)은 공공재개발 후보지로 선정되어 진행에 속도를 내고 있다. 11개 구역 중 10구역은 해제된 상태이다.

흑석1구역

1구역은 2009년 1월 재개발추진위원회가 출범했고 2022년 2월 약 13년 만에 조합설립인가를 받았다. 사업 면적은 $26,675m^2$이고 지하 3층~지상 최고 30층으로 지어질 계획이며 4개 동, 494가구의 새 아파트로 탈바꿈할 예정이다. 9호선 흑석역 바로 앞인 데다 평지여서 일찍부터 흑석뉴타운에 가장 주목을 받는 곳이었지만 사업지에 작은 상가들이 많아 그동안 진행이 더뎠다.

흑석2구역

흑석2구역은 2009년 3월 4일 추진위원회승인을 취득했지만 상가소유자의 반대로 동의율이 70%에서 멈춰서면서 조합설립을 하지 못했었다. 오랜 난항을 겪다가 2021년 1월 공공재개발 사업 후보지로 선정됐으며 시행은 SH가 맡았다. 공공재개발 1호 사업장으로 용적률 상향 등 각종 인센트브를 받아 화제가 되었다. 용적률은 600%이며 한강조망이 가능하게 설계될 예정이라 많은 기대를 모으고 있는 구역이다. 동작구 흑석동 99-3 일대 445,229㎡를 개발하는 사업으로 최고 49층, 총 1,324가구를 건립할 예정이다.

서울시는 2022년 1월 흑석2구역, 영등포 양평13·14구역 등 공공 재개발 후보지 8곳을 토지거래허가구역으로 재지정했다. 공공재개발에 따른 투기수요 유입을 차단하기 위해 1년 연장을 결정한 것이다. 따라서 갭투자가 불가능하므로 실수요자를 위한 구역들이다.

흑석3구역

흑석3구역은 흑석뉴타운 중 가장 면적이 크다. 과거 공사 중단 사태까지 겪는 등 갈등이 극심했던 시공사 GS건설과 원만한 합의가 이루어져 '흑석리버파크자이'가 2023년 상반기 완공될 것이다. 총 1,772가구가 들어설 예정이다.

흑석9구역

이주와 철거 단계에 있는 9구역은 2023년 하반기에 일반분양을 목표로 하고 있으며 입주는 2027년 초로 예상하고 있다. 이주기간은 2023년 2월 18일까지이다. 면적은 94,579㎡이고 지하 7층~지상 25층, 21개 동에 1,536가구가 들어설 예정이다. 시공사인 현대건설은

흑석3구역 조감도

추후 변경 가능

프리미엄 브랜드 '디에이치켄트로나인'을 적용하기로 했다. 특화설계와 고급 마감재 사용으로 3.3㎡당 공사비는 약 580만 원에 책정된 것으로 알려졌다.

　투기과열지구의 재개발은 관리처분인가로부터 소유권이전등기 시까지 전매금지이지만 관리처분인가가 난 이후라도 2018년 1월 24일 전까지 최초 사업시행인가를 신청했다면 양도가 가능하다. 흑석 9구역은 2017년 사업시행인가를 신청했고 2019년 관리처분인가를 받았다. 반면 11구역은 2020년 사업시행인가 신청을 했고, 2022년 8

월 관리처분인가를 받았다. 따라서 9구역은 관리처분 후라도 양도가 가능하지만 11구역은 불가능하다.

흑석11구역

흑석11구역은 89,317㎡ 부지에 지하 5층~지상 16층, 25개 동, 1,509가구 규모 아파트로 탈바꿈된다. 규모가 크고 국립현충원이 가까워 숲세권이며 서초구 반포동과 가장 가까워 알짜 입지를 가지고 있다. 2021년 3월 사업시행인가를 받았으며 신속통합기획이 적용되었다. 2021년 대우건설이 시공사로 선정되어 '써밋더힐'이란 브랜드로 지어질 예정이다.

잠자는 용

노량진뉴타운

백로가 노닐던 곳, 노량진

오래전에 노량진은 한강의 남북을 연결하는 여러 나루터 중 하나였으며 노들나루로 불렸다. 노량진이라는 이름의 유래는 주변에 갈대가 많아 가을이 되면 그 일대가 노을빛으로 물들어서라고도 하고 백로가 노닐던 나루였기 때문이라고 한다. 지금도 노량진은 서울의 남북을 이어주는 교통 중심지이다. 우리나라 최초의 철도인 경인선의 출발지이기도 하다. 반가운 교통호재까지 있어 교통은 더욱 편리해질 예정이다. 서부선 경전철이 확정되어 지하철 1, 9호선이 지나는 노량진역이 트리플 역세권이 될 것이다. 서부선이 개통되면 노량진에서 일자리 타운인 여의도로 한 번에 갈 수 있게 된다.

노량진에 학원가가 만들어지기 시작한 것은 1970년대 말 정부의 인구밀집 해소정책이 시행되면서다. 정부는 종로 일대에 집중되어 있던 학원들을 분산시켰고, 그중 하나인 대성학원이 노량진으로 이전하며 그 일대가 고시촌이 되었다. 수험생과 유동인구가 노량진으로 몰려들며 자연스럽게 상권도 형성되었다.

재수학원의 메카로 명성을 날린 적도 있었다. 그러나 본고사와 학력고사가 폐지되고 대학수학능력시험으로 바뀌자 인기는 사그라들었고, 2000년대 들어서는 인터넷 강의로 공부하는 패턴으로 바뀌자 노량진 고시촌의 열기는 차갑게 식었다. 그래도 공무원 임용고시 시장이 커진 덕분에 공무원 수험생들이 노량진으로 몰려들었으나 코로나 팬데믹으로 수험생들은 점점 줄어들었다.

지금의 노량진은 고시촌보다는 다른 키워드로 더 화제가 되고 있다. 노량진뉴타운, 노량진역과 옛 노량진수산시장 개발, 장승배기종합행정타운 등 대형호재들이 노량진의 미래가치를 쑤욱 올려주고 있기 때문이다. 여의도와 용산 강남으로의 이동이 편리한 입지를 가지고 있는 노량진에 새 아파트촌이 들어서고, 노후된 곳들이 새로 탈바꿈하면 고시촌이라는 이미지를 벗어나 새로운 지역으로 재탄생할 것이다.

노량진역 주변 개발과 노량진뉴타운

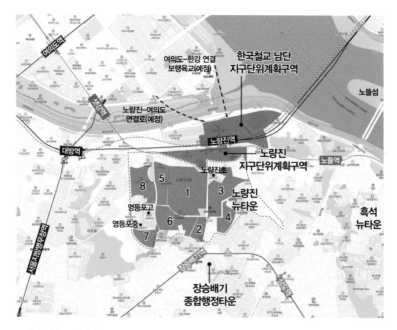

노량진뉴타운, 노량진역 주변 개발, 노들섬 개발 등 대형호재로 가득한 노량진(출처: 네이버지도)

노량진역 주변을 허드슨 야드처럼

낡은 철도역과 주차장을 혁신적 디자인의 건축물로 탈바꿈해 관광명소가 된 곳이 있다. 바로 뉴욕의 허드슨 야드이다. 서울시는 노량진 옛 수산시장과 노량진역 주변을 여의도와 용산을 잇는 수변복합거점으로 만들어 이 일대를 허드슨 야드처럼 탈바꿈시키기 위한 시도를 하고 있다. 노량진역, 철거 후 축구장과 야구장의 체육시설로이용되고 있는 옛 노량진수산시장 수협 부지, 수도자재센터부지 등

면적 170,000m^2에 달하는 이 일대를 특별계획구역으로 개발할 예정이다. 그야말로 노량진 일대의 상전벽해를 예고하는 소식이다.

노량진은 용산, 여의도와 가깝지만 토지 활용도가 낮고 도시 개발 사업에서 뒤쳐져 있었던 것이 사실이다. 서울에 개발될 곳이 이젠 많지 않을 것 같지만 이렇게 교통의 요충지의 금싸라기 땅이 낙후된 채 이도저도 못하고 있는 경우들이 제법 있다.

노량진역 주변은 1호선 지상철로 때문에 노량진학원가 등 상업지역과 단절되어 있다. 서울시는 노량진역 상부를 데크로 덮어 사실상 지하화하고 주변에 주거·상업·여가 복합 시설을 조성한다는 계획을 내놓았다. 또한 노량진수산시장과 연계해 한강 조망이 가능한 수변 테라스와 수변문화복합시설 등의 명소를 조성할 예정이다. 여의도와 노량진을 직접 연결하는 차량 및 보행 시설도 설치할 것이다.

서울시는 노량진역 일대를 여의도와 용산을 연결하는 거점으로 개발하기로 했다. 국제금융지구인 여의도와 국제업무지구로 개발 예정인 용산의 도심 기능을 분담할 수 있도록 노량진 일대의 업무·주거환경을 개선할 예정이다. 향후 서울 개발축이 용산-여의도-노량진 삼각축이 될 것을 짐작할 수 있다. 실제 서울시는 이 같은 내용을 2040 서울도시기본계획에서 밝히기도 했다.

노들섬, 예술섬 될까

노들섬은 용산과 노량진을 잇는 한강대교 한가운데에 자리한다. 인적이 드문 이곳은 과거 첫 번째 오세훈 시장 재임 시절 오페라하우스 조성이 추진됐으나 사업 타당성이 부족하다는 이유로 표류하다 고 박원순 전 시장 재임 기간에 현재의 복합문화공간으로 만들어졌다. 그리고 다시 돌아온 오세훈 시장은 이 노들섬을 예술의 랜드마크로 조성하겠다고 밝혔다.

서울시는 2022년 2월 서울 문화정책 핵심과제를 발표하고 올해를 '디지털 감성문화도시'의 원년으로 선포했다. 총 6,080억 원이 투입되는 이 정책에는 노들섬 개발계획도 포함됐다. 이후 축제, 전시 행사가 활발하게 개최되면서 방문객이 늘어나는 등 활기를 되찾고 있다. 노들섬이 서울의 핫스팟으로 거듭나게 되면 '여의도의 그늘'이라 불리던 노량진 일대에도 젊은 바람이 불어오지 않을까 기대해 본다.

미니신도시급 노량진뉴타운

노량진뉴타운은 738,878㎡의 면적에 9,500여 세대 아파트가 들어서는 미니신도시급 개발이다. 이 사업으로 노량진역과 장승배기역 사이에 신규 아파트촌이 들어설 것이다. 노량진뉴타운 총 8개 구역 중 1~6구역은 노량진동, 7, 8구역은 대방동에 위치하는데, 노량진역 부근은 평지이고 장승배기를 따라 경사가 있는 편이다.

노량진뉴타운 구역은 2003년에 지정되었지만 아직 새 아파트가 들어선 곳은 없다. 신축이 없으면 가치 평가가 어렵다. 대장주가 없다는 것은 시세를 끌어줄 리더가 없다는 것을 의미하기 때문이다. 노량진이 저평가된 이유이기도 하다.

노량진이 용산, 여의도, 영등포, 흑석과 둘러싸여 입지가 매우 훌륭하다는 데 이견을 달 사람은 없을 것이다. 지하철 1호선과 9호선이 정차하는 노량진역과 7호선 장승배기역과 맞닿아 있으며 핵심 3대 업무지구인 여의도, 강남, 광화문으로 20분 이내에 출퇴근이 가능하다. 용산, 여의도와 통합개발될 예정이라는 점, 여의도 재건축과 노들섬 개발이 진행됨에 따라 직접적인 영향을 받을 것이라는 점 등 노량진뉴타운이 흑석, 신길뉴타운을 뛰어넘을 것이라고 하는 예상을 뒷받침하는 이유는 한두 가지가 아니다.

노량진뉴타운은 흑석뉴타운의 열풍을 이어갈 가능성이 높다. 흑석동은 한강을 바라보고 있다는 강점이 있는 반면 노량진뉴타운은 노량진역 주변 개발, 장승배기종합행정타운 등 대형 개발호재를 끼고 있다. 흑석동의 시세도 현재 상당히 올라 있는 상태지만 노량진이 속속 개발되면 지금보다 상승할 가능성이 높다.

노량진뉴타운의 진행 현황

노량진뉴타운 8개 구역 중 노량진2~8구역은 시공사 선정을 완료한 상태이고, 노량진1구역도 사업시행인가를 앞두고 있다.

노량진뉴타운의 진행 현황

구역	공급 규모(예정)	시공사	진행 단계
1구역	2,992	미정	조합설립인가
2구역	421	SK에코플랜트	관리처분인가
3구역	1,012	포스코건설	사업시행인가
4구역	844	현대건설	사업시행인가
5구역	727	대우건설	사업시행인가
6구역	1,499	GS건설, SK에코플랜트	관리처분인가
7구역	576	SK에코플랜트	사업시행인가
8구역	1,007	DL이앤씨	관리처분인가

2022년 8월 기준

　　2003년 2차 뉴타운지구로 지정되었지만 수산물시장, 고시촌, 학원가 등이 밀집해 이해관계를 풀기가 쉽지 않았고, 2008년 글로벌 금융위기까지 겹치며 진행이 잘 되지 않다가 2010년대 후반 들어 활발히 진행되었다.

　　가장 규모가 큰 1구역은 면적인 132,132m^2에 달하며 지하 4층~지상 최고 33층, 28개 동에 2,992가구가 들어설 것으로 보인다. 8개 구역 중 유일하게 시공사를 선정하지 않아 하반기 대형 건설사들의 경쟁이 치열할 것이다. 입지도 한강변과 가까워 일부 세대에선 한강 조망이 가능하고 동쪽으로는 강남, 서쪽으로는 여의도, 북쪽으로는 용산과 가까워 노량진뉴타운 최대어로 불리고 있다.

2021년 3월 관리처분계획을 인가받은 2구역은 규모는 적은 편이다. 면적은 16,208m^2이고 지하 4층에서 지상 29층에 이르는 3개 동에 421가구가 들어설 예정이다. 시공사는 SK에코플랜트로 선정되었고, 2022년 안에 철거에 들어갈 계획이다.

3구역은 지하철 1, 9호선 노량진역과 가까워 대장주로 평가받는다. 시공사는 포스코건설로 선정되었다. 73,068m^2 부지에 지하 3층~지상 최고 30층, 16개 동, 1,012가구 규모의 아파트가 들어설 것이며 총 공사비는 약 3천억 원이다.

노량진4구역은 2018년 4월 사업시행계획을 인가받았고 관리처분계획인가를 앞둔 상태이다. 재개발 이후 844가구가 들어설 예정이며, 시공사는 현대건설이다. 40,512m^2의 면적에 지하 5층~지상 30층 규모 신축 단지로 탈바꿈한다.

5구역은 2021년 대우건설을 시공사로 선정했으며 하이엔드 브랜드인 '써밋더트레시아'를 적용하기로 했다. 727가구가 들어설 예정이다.

가장 진행이 빠른 6구역은 2021년 1월 관리처분계획인가를 받았다. 1,499가구의 규모이며 GS·SK에코플랜트 컨소시엄을 시공사로 선정했다. 2022년 안에 철거에 들어갈 계획이다. 6구역의 장점은 1, 9호선 노량진역과 7호선 장승배기역을 모두 이용하기 편리하다는 점이다. 특히 장승배기역은 매우 가깝다.

노량진3구역 조감도

추후 변경 가능

　7구역은 576가구가 들어설 계획이다. 2017년 SK에코플랜트를 시공사로 선정했고, 2021년 7월 임대가구 수를 줄이고 일반분양을 늘리는 변경인가를 받았다. 지하 3층~지상 27층, 7개 동, 총 576가구(전용면적 39~84㎡)로 건립된다. 서울 지하철 7호선 장승배기역까지 걸어서 10분 정도 걸리며 영화초등학교와 영등포중·고교가 붙어 있어 통학 여건이 좋은 편이다. 지하철 1·9호선 노량진역까지 걸어서 가기는 멀지만, 강남으로 이어주는 7호선 장승배기역은 걸어서 5~9분 정도로 인접해 있다. 반면 경사는 다른 구역에 비해 가파른 편이다.

8구역은 2021년 12월 관리처분계획인가를 받았다. 노량진뉴타운 내 최초 '하이엔드 브랜드' 도입으로 화제가 되기도 했다. 시공사는 DL이앤씨로 프리미엄 브랜드 '아크로'를 적용할 예정이다. 면적 55,742㎡, 지하 3층~지상 29층, 총 1,007가구 규모의 아파트 단지로 조성될 예정이다. 일반분양 물량은 398가구로 책정됐다.

2022년 하반기는 동작구의 이주 시즌이 될 것이다. 동작구에서만 2천여 가구가 연이어 이주를 시작한다. 흑석9구역(752가구)을 시작으로 흑석11구역(695가구), 노량진4구역(417가구), 노량진8구역(435가구) 등이 이주를 계획하고 있는데, 주변 전세 시세에 영향을 줄 것으로 보인다.

노량진뉴타운 투자 사례

2009년에 미용실을 운영하시는 김○○ 님에게 노량진6구역의 빌라를 소개했고, 흔쾌히 매입하였다. 매매가는 7억 7천만 원이었고 대출 없이 전세보증금 3억 원을 안고 매입해 실투자금은 4억 원이었다. 감정평가는 3억 3천만 원으로 33평을 신청했는데 조합원분양가가 정말 저렴한 편이어서 추가분담금이 3억 원 정도밖에 되지 않았다. 실투자금 7억 원으로 노량진 알짜배기 새 아파트를 마련하게 된 것이다.

제2의 노량진뉴타운

 상도동

개발에 시동 걸렸다!

상도동은 오랜 기간 개발이 진행되지 않았던 곳이다. 그래서 노후된 저층 단독주택이나 다세대가 밀집돼 있다. 서초구 옆이라 강남 접근성이 좋은 동작구치고는 저평가되었던 이유이다. 동작구는 9호선·7호선·2호선·1호선 등을 타고 영등포, 여의도, 용산까지 빠르고 쉽게 갈 수 있는 서남권 교통의 요충지이다. 동작구 지도에서 상도동 위치를 보면 왼쪽으로는 신길뉴타운, 위로는 노량진뉴타운, 오른쪽으로

상도동 개발 지역

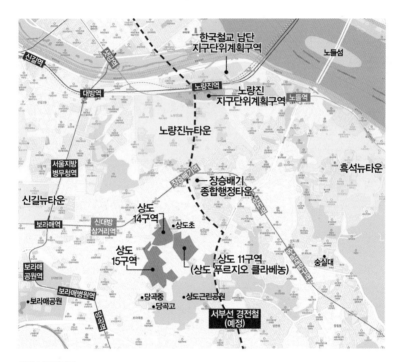

출처: 네이버지도

는 흑석뉴타운을 두고 있다. 한창 천지개벽 중인 이 세 뉴타운과 함께 시너지를 낼 수 있는 곳이라는 것을 한눈에 알 수 있다. 반가운 교통호재도 있다. 서부선 경전철이 장승배기역을 지날 예정이므로 상도동은 직접적인 수혜를 보게 될 것이다. '숲세권'이라는 점도 상도동의 큰 강점이다. 상도근린공원, 보라매공원이 가깝고 노들섬, 여의도한강공원 등이 멀지 않아 도심 속 자연환경을 누릴 수 있다.

근래에는 상도14구역이 신속통합기획 1차 후보지로 선정돼 화제가 되었다. 이어서 상도15구역도 신속통합기획 2차 후보지로 선정될지 많은 이들의 이목이 집중되어 있는 상태이다. 흑석동에 이어 상도동이 핫한 주거지가 될 것이라는 기대로 상도동은 들썩이고 있다.

장승배기종합행정타운

장승배기종합행정타운은 기존 노량진동 구청사를 상도2동의 7호선 장승배기역 인근으로 이전하는 사업이다. 상도동 영도시장 일대

장승배기종합행정타운 조감도

출처: 동작구

14,025㎡ 면적에 들어서는 이 행정타운에는 동작우체국, 동작구의회, 119안전센터, 동작문화복지센터, 보건소, 시설관리공단·복합문화시설 등을 비롯해 특별임대상가도 들어오게 되어 주민들이 함께 이용하게 될 것이다. 총 1,883억 원이 투자되며 2025년 완공 예정이다. 완공되면 장승배기역 일대 생활권에 활기를 불어넣어줄 것이다.

서부선 경전철

2028년 개통되는 경전철 서부선 노선이 장승배기역을 지날 예정이다. 서부경천철(서부선)은 은평구 새절역(6호선)-명지대-여의도 – 장승배기-서울대입구역을 잇는 노선으로 총 16.23㎞의 길이에 정거장 16곳을 설치하게 된다. 서북권과 서남권을 잇는 획기적인 교통호재이다. 개통되면 장승배기역은 더블역세권이 되며, 상도동은 여의도까지 한 번에 가는 노선을 가지게 된다.

상도14구역 재개발

누가 뭐래도 1차 신통기획 후보지 중 최대 수혜지는 상도14구역(상도동 244번지 일대)이다. 2014년 12월 도시재생시범사업지구로 묶인 이후 신축 아파트 개발이 불가능했는데 신속통합기획으로 길이 열렸기 때문이다. 서울시는 이 일대를 도시재생시범사업지구로 지정하고 2015~2018년 도시재생 마중물사업 명목으로 골목 공원 조성 등

226

서부선 경전철 노선도

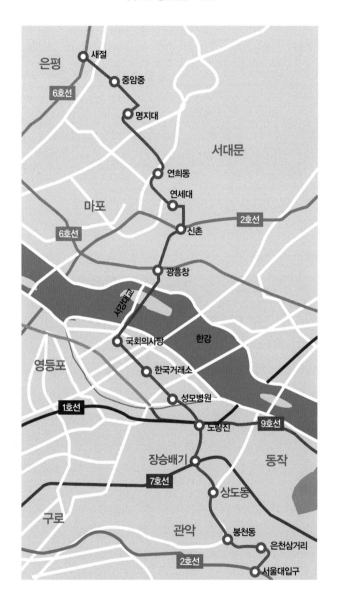

상도14구역과 상도15구역의 노후도

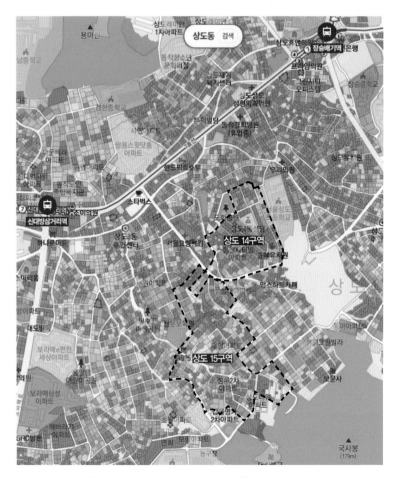

재개발 예정지에 투자할 때는 노후도를 잘 파악하는 것이 중요하다.(출처: 부동산플래닛)

에 총 100억 원을 들였다. 2021년 초에 공공재개발 후보지 공모에도 도전했지만 도시재생구역 배제 방침에 따라 선정에 실패하기도 했다. 노후된 거주지에 새 아파트가 들어설 길이 오랜 시간 막혀 있었던 것이다.

그러다 신속통합기획 후보지로 선정되었고 '드디어 도시재생이라는 덫에서 풀려났다'는 분위기이다. '신속통합'이라는 말 그대로 기존 재개발보다 3~5년 이상 사업기간이 크게 줄어드는 데다(신속통합기획은 도시계획위원회 심의, 건축위원회 심의, 사업시행인가 등을 통합으로 추진해 3~5년 시간을 단축할 수 있다.) 원래 2종 7층 구역이었는데 2021년 서울시가 최고 25층까지 허용해주기로 하면서 고층단지로 개발도 가능해졌다.

상도14구역은 7호선 신대방삼거리역과 장승배기역 남쪽, 동작구 한복판에 있는데 각 역까지 도보 10~15분 거리다. 여의도까지 3km 거리밖에 되지 않아 여의도에서 출퇴근하기 용이한 자리이다.

규모를 보면 면적이 50,142㎡ 규모이고 1,000~1,300세대의 새 아파트가 들어설 전망이다. 남쪽으로 높이 179m 국사봉을 끼고 있어 경사가 있으나 가까이 국립서울현충원이 자리하고 있어 자연환경이 좋은 편이다.

상도14구역이 새 아파트로 탈바꿈하면 그 가치가 얼마나 될지 유추하기 위해 장승배기역 인근 아파트 단지를 한 번 살펴보자. 2007년 준공된 상도더샵1차(1,122세대)아파트는 최고 높이가 15층이다. 이 아파트 전용 84㎡는 매매가가 14억 원 정도다. 2016년 준공된 상도

두산위브트레지움2차(582세대)는 최고 높이가 23층이다. 이 아파트의 전용 84㎡는 16억 원대에 거래되고 있다.

상도동의 대장주로 꼽는 e편한세상상도노빌리티의 전용 84㎡는 2021년 12월에 17억 6천만 원에 거래되었고 상도파크자이는 전용 84㎡가 2022년 3월 16억 9천만 원에 거래되었다.

상도14구역 투자 사례

상도14구역은 주로 2021년에 다수의 거래를 성사시킨 구역이다. 부모님에게 무상증여받은 5천만 원으로 부동산 투자를 시작한 25살 청년의 투자 사례를 살펴보자. 처음엔 홍제동 재개발 예상 지역을 소개하여 전세를 안고 매입하였는데, 4개월 만에 5천만 원이 올라 바로 매도하고 상도동으로 갈아탈 것을 제안했다. 그때는 한시적으로 보유 1년 이하 양도소득세가 40%이어서 매도하기에 적절한 시기였다. 상도동 14구역의 빌라를 2억 7,700만 원 전세를 안고 3억 7천만 원에 매입하였고, 얼마 후 신속통합기획 후보지에 선정되어 지금은 호가가 6억 5천만 원이다. 지금 팔아도 3억 원 시세차익은 볼 수 있다. 계속 보유하고 있다가 재개발이 완료되면 10억 원 정도의 시세차익을 볼 수 있을 것이다.

나는 재개발 완료 시까지 기다렸다가 10억 원을 벌 것인지, 아직 나이가 젊으니 3억 원으로 적극적으로 사업이나 투자를 해볼 것인지 청년에게 물어보았다. 그 청년은 하고 싶은 사업이 있어 매도하고 싶다고 하였다. 젊을 때 패기 있게 하고 싶은 걸 해보는 것은 좋은 시도라고 격려해 주었다.

우리나라는 실패를 하면 안 되는 문화를 가지고 있다. 실패를 하면 루저라고 낙인을 찍는 것이다. 나는 우리 사회가 실패를 권장하는 사회가 되어야 한다고 생각한다. 이렇게 젊은 청년은 사실 실패를 많이 하다가 끝에 성공하는 게 좋다. 젊어서 성공하면 한 번 실패로 못 일어날 수 있다. 하지만 투자든, 사업이든 실패를 거듭하더라도 포기하지만 않으면 20대의 5천만 원이 나이 들어 100억, 1천억 원도 될 수 있다. 젊을수록 금액이 적다고 부동산 투자를 포기하고 절망하는 경우가 많은데, 실행할 마음만 있다면 적은 금액으로도 할 수 있다. 미리부터 자포자기하지 말자.

상도15구역(상도동 279번지 일대)

2021년 말 선정된 상도14구역에 이어, 상도15구역도 신속통합기획 공모에 신청하기 위해 동의서를 구하기 시작했다. 서울시는 오는 10월 27일까지 신통기획 재개발 2차 공모를 실시할 계획이다. 총 2만 5천 가구 규모로 오는 12월 말 최종 후보지가 선정된다.

상도15구역은 상도14구역보다 2배 정도 넓고 소유자는 2천 명 정도이다. 신통기획 선정 시 20% 용적률 인센티브를 받으면 3천 세대 이상도 가능하게 된다.

14구역에 1천 세대가 들어서고 상도15구역도 재개발에 성공한다면 4천 세대 이상 대규모 단지가 조성돼 이 낙후된 지역은 그야말로 모든 것이 새롭게 변하게 된다.

　15구역은 서울지하철 7호선 신대방삼거리역과 장승배기역이 가깝고 상도근린공원, 보라매병원 등이 인접해 생활인프라도 좋은 편이다.

교통의 메카

사당동

사당의 굴곡진 과거

6·25전쟁 이후 200만 명에 가까운 이북 동포들이 월남하고 농어촌 주민들이 상경하면서 서울의 인구는 기하급수적으로 늘어났다. 서울시는 도심지역에 무허가주택을 짓고 사는 사람들을 1970년 무렵까지 도심 바깥으로 이주시켰는데 사당동도 이 이주정착지 가운데 하나이다.

1980년대에는 대표적인 재개발 지역이 되어 원주민과 재개발업자 사이에 충돌이 끊이지 않았다. 원주민들은 결국 7~8천만 원의 돈을 받고 이주했고 그 자리에는 아파트들이 들어섰다. 재개발이 되면 보통 원주민들은 이렇게 대부분 새로 들어서는 아파트에 살지 못하고 이주하게 된다.

굴곡진 역사를 가진 사당은 교통은 좋으나 아직까지도 좁은 길과 언덕이 있어 가격이 오르는 데는 한계가 있었다. 그러나 앞으로의 사당동은 눈여겨봐야 할 것이다. 사당동 일대는 재개발과 재건축, 사당역 복합환승센터 등 큰 변화를 앞두고 있다.

교통의 요충지

사당 하면 교통을 빼놓을 수 없다. 지하철 2, 4호선 사당역, 지하철 4, 7호선 이수역, 지하철 7호선 남성역을 끼고 있어 그야말로 교통의 메카이다.

또한 경기도 과천, 안양, 의왕, 수원권의 많은 광역버스들이 종점으로 삼고 있어 경기와 서울을 잇는 교통 집결지이기 때문에 교통난도 심하다. 사당역에 버스, 지하철, 택시, 자가용 등을 한 곳에서 갈아탈 수 있는 복합환승센터를 만드는 것도 심각한 교통난을 해결하기 위해서이다.

사당 재건축 지역과 사당이수역 지구단위계획

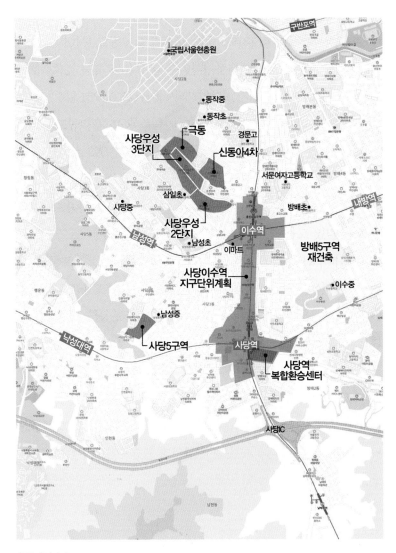

출처: 네이버지도

사당역 복합환승센터 조감도

추후 변경 가능(출처: 서울메트로)

사당역 복합환승센터

사당역 복합환승센터 개발 사업은 방배동 사당주차장 용지에 복합환승센터를 짓는 사업이다. 복합환승센터가 건설되어 사당역에 지금보다 길 안쪽으로 버스정류장이 이전되면 버스 타기도 편리해지고, 자동차들의 이동도 편리해질 뿐만 아니라 환승주차장이 설치되면서 주차난도 개선될 전망이다. 극심한 교통난에 시달려 왔던 사당 주민들에게는 아주 반가운 호재이다.

사당역 복합환승센터는 상업 및 유통시설이 함께 설치되어 한 곳에서 다양한 업무를 볼 수 있게 된다. 또한 주거시설도 같이 지어져

복합적인 기능을 하게 될 예정이다. 승객은 불편한 도로변 인도가 아니라, 환승센터라는 지붕이 있는 건물 안에서 광역버스를 탈 수 있게 되고 지하철역 대합실에서 환승센터로 바로 이어지는 통로가 생겨 지하철역에서 환승을 할 때 비바람을 맞지 않고 이동할 수 있게 되니 여러 가지로 편리해지고 쾌적해지는 것은 분명하다. 이 대형 개발 사업은 사당과 방배 등 여러 곳에 직접적인 영향을 줄 것이다.

　사업 추진이 그동안 순탄하지만은 않았다. 2009년 개발계획 발표 후 민간사업으로 추진됐지만 기존 개발업자가 부도나면서 10년 가까이 정체되어 있었다. 다시 활기를 띄기 시작한 것은 2018년 공공개발로 사업 형태가 전환되면서이다. 처음의 계획으로는 지하 9층~지상 26층, 전체 면적 290,000㎡, 높이 100m였으며 용적률은 930%였다. 서울교통공사는 환승센터가 완공되면 버스와 지하철 간 환승 시간이 1.1분 줄고, 사당역 사거리의 지체 시간은 차량 1대당 13.9초 감소할 것이라고 전망하였다. 복합환승센터의 사례로는 2016년 문을 연 동대구 복합환승센터가 있다.

초역세권 상권

사당은 동쪽으로는 동작대로를 경계로 해서 방배동과 접해 있고 남쪽으로는 관악구 남현동과 접해 있다. 사당역 남서측은 유동인구가 많은 초역세권 상권이다. 상권은 방배보다 사당이 잘 발달되어 있는 편으로, 사당 상가의 월세도 방배보다 훨씬 비싸다. 빌딩도 마찬가지이다. 아파트는 예전에 방배의 반값인 적도 있지만 시세가 점점 오르고 있다. 옆에 붙어 있는 방배동의 아파트 가격이 많이 올랐기 때문에 이 흐름은 사당동으로 이어져 키맞추기를 하게 될 것이다.

5천 가구 대단지 '우극신' 리모델링

새 정부가 출범한 이후 정비사업에 대한 기대감 속에서 리모델링 시장의 열기가 뜨겁다. 재건축·재개발과 달리 추진 조건이 비교적 간단하고, 빠른 시간에 추진이 가능하기 때문이다. 리모델링은 준공 15년 이후부터 가능하기 때문에 재건축 연한인 준공 30년이 안 된 단지들은 리모델링에 많은 관심을 보인다. 많은 일반분양 물량을 기대할 수는 없지만 쉽고 빠르게 진행할 수 있기 때문이다.

특히 통합 리모델링은 사업 수익성도 높아지지만 대규모 단지의 강점을 가질 수 있게 된다. 대단지는 커뮤니티 시설 등 내부 환경이 좋고 관리비도 소형 단지보다 저렴하다. 아직까지 실제로 통합 리모델링에 성공한 사례는 나오지 않았다.

사당의 '우극신'은 서울 리모델링 최대어이다. 지하철 4호선 총신대입구역과 7호선 이수역·남성역 사이에 있는 사당우성2단지(1,080세대)·3단지(855세대), 극동아파트(1,550세대), 신동아4차(912세대)로 구성된 총 4,397가구의 통합 리모델링 사업을 소위 '우극신'이라고 부르는데, 현재 조합설립을 추진하고 있다. 이 단지들은 한 필지를 공유하고 있는데 4개 단지 모두 1993년 준공돼 리모델링 연한인 15

우극신 리모델링 조감도

출처: 우극신 리모델링 조합

년을 훌쩍 넘겼다. 사업비만 1조 5천억 원 규모에 달하며 통합 리모델링 시 수직·수평 증축 등을 통해 5,054가구로 재탄생할 예정이다. 한편, 2023년이 되면 30년 연한을 채우므로 재건축을 하자는 목소리도 있다.

리모델링을 통해 용적률 혜택을 받을 수도 있다. 서울시는 2021년 11월 리모델링 기본계획을 정비하면서 열린 놀이터, 공유주차면 등 지역 친화시설을 설치하면 최대 30%포인트까지 용적률 상향 혜택을 줄 수 있다고 밝혀 리모델링을 추진 중인 단지들의 기대감이 높아진 상황이다.

사당의 마지막 재건축, 사당5구역

서울시는 사당5구역을 주택재건축사업의 '특별건축구역'으로 지정했다. 사당5구역은 일대 재건축 사업이 마무리 단계에 접어들면서 사당 재건축의 '마지막 퍼즐'이라 불린다. 인근에 까치산이 있어 경사가 꽤 가파르지만 녹지가 풍부한 장점도 있는 동네이다.

사당1구역에는 이수역 래미안이수역로이파크(2018년 준공)가 들어섰다. 사당2구역과 3구역은 각각 롯데캐슬골든포레(2020년 준공), 이수푸르지오더프레티움(2021년 준공)으로 탈바꿈했다. 4구역은 정비구역에서 해제되면서 현재 5구역 재건축만 남은 상태다. 래미안이수역로이파크(668세대)는 사당의 대장주로 꼽히는데, 전용 84m^2가 17억 6천만 원(2021년 8월)에 거래되었다.

사당5구역 재건축이 완료되면 지하 5층~지상 12층, 507가구 규모의 아파트가 될 것이다. 용적률은 209.95%까지 높였으며 2025년 착공에 들어가고 2028년 준공할 예정이다.

책으로 맺은 귀한 인연

2017년에 주재원으로 인도에 사시는 분이 찾아온 적이 있다. 한국에 잠시 와 머무는 동안 서점에서 우연히 《이기는 부동산 투자》를 보고 '이거다!' 싶어서 그날로 다 읽고 왔다고 하여 반가웠다. 이론만 가득한 책들과는 다르다고 느꼈고 당장 찾아가야겠다고 생각했다고 한다. 당시 사당동 우성아파트3단지의 전용 118m^2가 전용 84m^2보다 가격이 2천만 원 정도 높아 별 차이가 없었다. 전용 118㎡ 크기는 고민 없이 사도 괜찮을 정도로 좋은 가격이어서 바로 제안했고, 전세 4억 5천만 원을 끼고 1억 5천만 원을 실투자해 6억 원에 매입하였다. 계약한 지 2주 만에 잔금까지 다 치루고 다시 인도로 돌아가셨는데, 2022년 7월 기준 이 아파트의 시세는 15억 7천만 원 정도이다. 책이 이렇게 좋은 인연을 맺게 하기도 한다.

서리풀터널과 두산위브트레지움

1980년대의 일이다. 2명의 고등학생 자녀를 둔 이○○ 님은 택시 운전을 하며 사당 영아아파트에 살고 있었다. 재건축은 언제가 될지 모르고 생활에 여유가 없어 영아아파트를 팔아 다른 곳으로 가고 싶다고 문의해왔는데, 영어아파트는 입지가 좋아 재건축이 되면 가치가 많이 상승할 것이니 기다리시라고 말씀드렸다. 그분은 결국 다른 지역에 깨끗한 빌라를 사서 이사를 가는 선택을 했다.

사당 영아파트는 2011년에 재건축되어 사당의 대장주 중 하나인 두산위브트레지움(451세대)이 되었다. 지하철 7호선 남성역과 맞닿은 역세권 단지이고 서초역과 내방역 구간을 잇는 서리풀터널이 개통되는 호재까지 생기면서 강남권으로 이동하기가 더욱 편리해져 가격이 가파르게 상승했다. 두산위브트레지움은 전용 59㎡가 14억 원(2020년 4월), 전용 84㎡가 18억 원(2021년 9월)에 거래되었다.

떠오르는 신경제중심지

창동

변방 취급 받던 노원구의 변화

노원구는 중계 택지개발지구에 입주가 시작된 이후 1992년에 인구가 55만 명을 돌파하고 꾸준히 증가하여 2001년 말 648,615명이었다가 해마다 인구가 줄어들어 2022년 약 50만 명이 되었다. 25개 자치구 중 송파구, 강서구, 강남구에 이어 4위이다. 인구 감소 원인으로는 물론 출산율 저하라는 이유도 있지만 순유출이 증가했기 때문이다. 30년 전에 지어져 낡고, 평수가 작은 아파트에 살던 노원구 주민들이 장암지구, 별내지구, 다산신도시 등 인근 지역에 개발 사업으로 들어선 신축아파트로 이사를 갔기 때문이다.

2015~2035년 '서울시 자치구별 장래 인구추계'에 따르면 생산 가능 인구 100명당 부양인구가 도봉구(73.4명) 강북구(70.5명)에 이어 노원구(65.4명) 순으로 많다. 고령인구가 증가하고 있다는 것을 보여주는 통계이다. 강남과 서울 중심에서 먼 강북의 끝자리에 있으면서 일자리도 없고, 인구는 노령화되고 아파트도 노후된 단지가 많다 보니 서울시 25개 자치구 중 집값이 하위권에 속한다.

그런데 강북에서도 기반시설이 열악해 변방 취급을 받았던 노원구가 혁신적인 변신을 하고 있다. 특히 일자리가 없고 노후한 주거단지 탓에 베드타운 성격이 강했던 창동이 역대급 호재로 주목받고 있다. GTX-C노선 개발과 창업·문화·의료 등 복합도시 건설 개발이 진행되면서 새로운 국면을 맞은 창동을 면밀히 살펴보자.

만년 '베드타운'에서 벗어나 신경제중심지로

창동역을 중심으로 창동·상계 일대가 변화하고 있다. 동부간선도로를 중심으로 문화·예술산업 거점(창동 일대)과 바이오메디컬 단지(상계 일대) 두 축으로 나눠 개발을 추진 중인데 테마가 다채롭고 신선하다. 대중음악 공연시설 '서울아레나'를 비롯해 창업 및 문화산업단지 '씨드큐브 창동', '창동 아우르네'와 '서울로봇박물관', '서울사진미술관' 등 다양한 개발사업이 활발히 진행되고 있다. 창동·상계 신경제

창동역 주변 개발 지역

중랑천변 중심 수변공원
(2025년 6월 완공 예정)
• 노원고
창동차량기지
서울로봇인공지능
과학관
도봉면허시험장
서울사진미술관 서울
창동민자역사 아레나
노원역
창동역 • 시네큐브창동
복합환승센터 창동·상계
창동주공1단지 신경제중심지
창원초• 창동주공 창동역
창동고• 2단지 • 상계교
창북중• 창동주공19단지 • 노원중
창동주공 창일중• • 노곡중
3단지 • 당현초
창일초• • 원천초
창동주공18단지 • 상천초
서울• 창동주공17단지
창동주공 외국어고 동부간선도로
4단지 지하화(예정)
재건축 진행 중 GTX-C(예정)

출처: 네이버지도

중심지는 관광시설만 들어서는 것이 아니라 일자리와 주거, 문화, 상
업 시설이 복합적으로 조성되는 사업이다. 근처 주거 아파트가 새롭
게 들어서는 4차산업 기업의 직주근접 단지가 될 것이므로 큰 관심
을 받고 있다.

　GTX-C노선(2027년 개통 예정)이 창동역에 들어서는 것도 큰 호재
이다. 수원부터 양주 덕정까지 연결되는 GTX-C노선이 개통되면 삼
성역까지 15분이면 도달할 수 있어 강남의 접근성이 용이해진다. 수
서역까지만 운행되던 KTX(SRT)이 창동역을 거쳐 의정부까지 연장

되는 계획도 있다. GTX나 KTX 건설 및 동부간선도로 지하화 등의 개발은 약 7년에서 10년 정도의 장기적인 관점에서 지켜봐야 할 것이다.

노후시설이었던 창동민자역사의 변신

창동민자역사 개발사업이 11년 만에 다시 진행된다. 과거 창동민자역사 개발사업은 사업자 임직원의 배임횡령 혐의로 인해 공사가 돌연 중단됐었다. 그로부터 11년 만에 다시 공사가 재개된 것이다.

창동민자역사(아레나X스퀘어) 조감도

추후 변경 가능(출처: 서울시)

이 사업은 지하철 1, 4호선이 지나는 창동역사가 현대화하여 지하 2층~지상 10층, 연면적 87,293㎡ 규모의 복합쇼핑몰 '아레나X스퀘어'로 탈바꿈시키는 사업이다. 오래되고 낡은 역사가 복합쇼핑몰, 환승센터, 역무시설로 바뀌는 것이다. 쇼핑시설 외에도 문화시설, 편의시설 등도 함께 조성돼 지하철 이용객은 물론 주변 주민들에게 높은 편의성을 제공할 것이다. 창동역은 GTX-C노선이 정차할 예정이어서 교통망 호재로도 주목받고 있다.

서울로봇인공지능과학관

서울로봇인공지능과학관(Seoul RAIM: Seoul Robot & AI Museum)은 지하철 1·4호선 창동역에서 걸어서 3분 거리에 연면적 7,405㎡ 규모(지하 2층~지상 4층)로 조성되며, 437억 원의 예산이 투입되는 사업이다. '창동·상계 신경제중심지' 사업의 일환으로 추진되는 사업으로 총 437억 원의 예산을 투입해 2023년 준공할 예정이다.

동대문디자인플라자(DDP)를 설계한 자하하디드 건축사사무소의 수석건축가 출신인 멜리케 알티니시크가 2019년 국제설계공모에서 당선돼 과학관 설계를 맡았다. 마치 우주선이 착륙한 것 같은 커다란 타원 형태로 지어질 예정이다.

로봇, 인공지능(AI), 가상·증강현실, 홀로그램 같은 분야의 최신 과학기술을 체험할 수 있고, 로봇AI 연구자와 함께 연구과정을 체험하는 특화 프로그램이 운영될 예정이다.

또한 서울로봇인공지능과학관 가까이에 서울사진미술관과 창업 및 문화산업단지 '시드큐브'가 같은 해에 준공될 예정이다. 2023년은 창동에 새로운 변화를 가져오는 해가 될 것이다.

전국 최초, 최대 대중음악 공연장 '서울아레나'

2만 8천 석 규모의 전국 최초이자 최대 규모의 대중음악 공연장이 창동에 들어설 예정이다. 서울시가 민간투자사업으로 추진하는 '서울아레나'는 카카오와 실시협약을 체결해 2022년 6월 착공하여 2025년 준공할 예정이다. 이 대규모 복합문화시설은 완공되면 도봉구 창동 일대 랜드마크가 될 것이다.

서울아레나 복합문화시설은 도봉구 창동역 인근 약 50,000㎡ 부지에 연면적 119,096㎡(지하 2층~지상 6층) 규모로 조성된다. 국내 최초 아레나급 음악 전문 공연장(18,269석)과 중형 공연장(2,010석), 영화관(7개 관) 및 대중음악 지원시설, 판매·업무시설 등 K팝 중심의 복합문화시설이 지어진다. 서울시가 사업부지를 제공하고, 사업시행자가 자기자본 등으로 3,120억 원의 사업비 전액을 투입해 설계·시공할 예정이다. 이 시설의 소유권은 서울시가 갖고, 카카오는 준공 후 30년 동안 서울아레나 복합문화시설 운영과 유지관리를 담당한다.

'아레나'는 관람석이 있는 공연장을 말하는 데 로마시대 검투사 경기를 하는 원형경기장에서 유래되었다 한다. 로마에 가면 콜로세움이라는 원형경기장이 있다. 무대가 정 가운데 있고 객석은 무대를 둘러싸고 있는 공연장으로, 그런 형태의 공연장을 아레나라고 한다. 우리나라에는 아레나 형식의 대중문화 공연장이 없다.

아레나 공연장은 가변형 무대로 무대크기를 조절할 수 있고, 음향, 조명 등으로 다양한 연출이 가능하고 관람석의 경사도를 높여 관객들의 몰입도를 높일 수 있다. 관객수도 잠실체조경기장보다 2배 이상 늘릴 수 있어 티켓가격도 낮출 수 있는 효과가 있다.

영국의 사례를 보면 폐 타광촌 도시였던 세이지게이츠헤드에 아레나 공연장이 들어서면서 연간 관광객 100만 명이 찾아오며, 일자리는 3만 7천 개가 늘었다고 한다. 서울아레나도 관광객 유치와 일자리 창출로 지역경제 활성화에 기여할 뿐만 아니라 K팝 문화가 더욱 세계로 뻗어나가게 하는 촉매제가 되길 기대해본다.

BTS, 블랙핑크 등 한류 가수들이 세계적으로 돌풍을 일으키고 있다. 서울아레나가 전세계 한류 팬들이 찾아오는 랜드마크가 되어 창동이 K팝 명소로 알려지는 미래를 상상해 보자.

창동 환승주차장부지 개발

창동역 앞 창동 환승주차장부지에 창업기업 지원과 문화 관련 산업 유치를 위한 창업·문화 산업단지 '씨드큐브 창동'이 들어선다. 연면적은 156,263㎡이고 최고 49층 높이로 2023년 5월 준공될 예정이다. 창동역 역세권 부지에 지상 16층의 문화창업시설과 지상 49층의 오피스텔이 들어설 것이며, 저층부에는 지역주민들을 위한 서점, 상업시설도 들어선다. 특히 지하 판매시설은 추후 조성되는 복합환승센터 및 서울아레나 등 주변시설과 직접 연결될 계획이다.

16층의 문화창업시설에는 창업 엑셀러레이팅 공간, 문화 관련 오피스 등이 들어서며 49층 타워동에는 창업창작레지던스가 마련된다. 사회초년생, 청년창업자, 문화예술인 등이 거주할 예정이다.

창동차량기지 이전부지 개발

창동차량기지 이전부지 일대에 들어설 예정인 바이오메디컬 클러스터 복합단지는 서울대병원(700~1,200병상) 및 글로벌 제약회사와 의료분야 연구소 등이 입주할 예정이다. 노원구는 서울대병원과 2020년 11월 업무협약을 체결하고 공동TF를 발족해 사업 구상 단계부터 실무절차를 추진하고 있다. 일자리 창출에 대한 기대감이 더욱 높아지는 소식이다.

동부간선도로 창동~상계 구간 지하화

중랑천 일대의 동부간선도로 창동~상계 구간이 지하화되고 그 위에 수변문화공원이 조성될 예정이다. 노원구와 도봉구 경계에 있는 중랑천의 창동교와 상계교 사이의 동부간선도로 3~4차로 1,356m 구간을 지하차도로 만들고 차도가 사라진 상부에는 중랑천을 따라 이어지는 800m 길이의 수변문화공원이 만들어진다. 서울광장의 1.5배

규모로 2023년 착공에 들어가며 2025년 완공 예정이다. 2012년 동부 간선도로 지하화 상세기본계획을 수립한 이후 약 10년 만에 사업이 본격적으로 진행되고 있다.

더불어 2개 교량이 새로 만들어지는데, 중랑천을 사이에 두고 도봉구 창동과 노원구 상계동을 연결한다. 보행자 이용이 가능한 이 두 교량은 2025년 준공 예정인 '서울아레나'를 비롯해, 2023년 문을 여는 '서울로봇인공지능과학관'과 '서울사진미술관' 등을 보행로로 이어준다. 특히 서울아레나 개관 후 공연 관람객들이 보행교를 이용해 창동역·노원역으로 편리하게 이동할 수 있게 될 것이다.

서울아레나 개관에 맞춰 동부간선도로 지하차도와 2개 연결교량은 2024년 12월 우선 개통하고, 수변문화공원은 2025년 6월 완공할 계획이다.

창동주공 7개 단지 모두 재건축 돌입

창동의 집값이 들썩이는 이유가 또 있다. 바로 재건축이다. 노후된 창동역이 새롭게 태어나는 시점에 발맞춰 창동역 일대의 오래된 아파트들도 탈바꿈하기 위해 활발히 움직이고 있다. 창동역 주변 단지들은 대부분 1988~1996년도에 지어져 재건축을 간절히 기다리고 있다. 새 정부의 재건축 규제 완화 기대감이 커지면서 작년부터 창동역과 녹천역 역세권 인근 아파트 단지들이 너도나도 재건축 사업 추진에 나서고 있다.

특히 '창동주공' 단지 재건축 사업이 부지런히 움직이고 있는데, 7 개 단지 모두 재건축 1차 관문인 예비안전진단을 통과해 본격적인 재건축 절차에 들어갔다. 창동주공 단지들은 1~4단지와 17~19단지로 구성돼 있는데 총 1만 778가구에 달한다. 창동역과 녹천역 역세권 인근에 자리한 이 단지들은 1988년부터 진행된 창동지구 택지개발 사업과 맞물려 조성됐다.

창동주공2단지는 인근 '상아1·2차'와 함께 총 2천 가구 규모의 통합재건축을 준비 중이다. 1990년 준공된 주공2단지는 지상 15층, 5개 동, 750가구 규모다. 다른 6개 창동주공 단지와 마찬가지로 지하주차장은 없다. 지하철 1·4호선 창동역에서 걸어서 5분 거리에 있어 입지가 좋은 단지이다. 용적률은 203%로 7개 단지 중 가장 높다. 상아1·2차의 현재 가구 수는 1,121가구다. 3개 단지가 통합재건축되면 전체 가구 수가 2천 가구에 달할 것이다.

창동주공1·3·4·17·18·19단지도 예비안전진단을 통과한 뒤 정밀안전진단 신청을 준비 중이다. 창동주공2단지와 18단지, 19단지, 동아아파트 등 일부 단지는 정밀안전진단을 위한 비용 모금에 나서는 등 속도를 내고 있다.

5장

꿈틀대는
투자지역

목돈이 없어 부동산 투자를 못한다는
사람들은 앞으로도 하기 어렵다.
서울에서 소액으로 투자할 수 있는 곳을
찾기가 쉽지는 않다.
그러나 실행할 용기만 있다면,
지금 꿈틀대는 지역을 열심히 찾아봐야 한다.
기회는 불황이든, 호황이든 언제나 있기 때문이다.

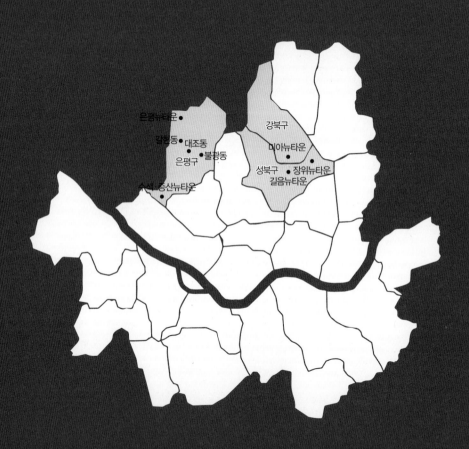

은평 재개발 3총사

갈현1·대조1·불광5구역

이제는 금평구

은평이 들썩이는 이유는 GTX 등 교통호재 때문이기도 하지만, 기대되는 재개발 구역이 많기 때문이기도 하다. 수색·증산뉴타운, 불광5구역, 갈현1구역 등 주목받는 재개발 지역들이 활발하게 사업을 진행 중이다. 은평구가 이제 금평구가 되었다는 말이 헛말이 아니다.

요즘은 녹번역 인근 대장주들이 은평구의 부동산 가격을 이끌고 있다. 2022년 상반기 기준으로 녹번역e편한세상캐슬 전용 $84m^2$는

갈현1구역, 대조1구역, 불광5구역

출처: 네이버지도

약 13억 5천만 원에 거래되고 있고 힐스테이트녹번 전용 $84m^2$는 13억 원~14억 원대에서 시세가 형성되고 있다.

불광역 인근 아파트들의 가격도 개발 호재를 타고 상승세를 이어왔다. 불광역 인근 북한산힐스테이트1차 아파트(603세대, 2009년 준공)는 전용 $84m^2$가 2022년 1월 11억 원에 거래되었다. 북한산래미안(647세대, 2010년 준공) 전용 $84m^2$는 2022년 4월 11억 4,500만 원에 팔렸다.

이런 은평의 대장주들 시세를 참고하며 은평 재개발 3총사라고 불리는 갈현1구역과 대조1구역, 그리고 불광5구역을 살펴보자. 재건축·재개발은 바로 수익을 대략 계산할 수 있다. 주변 아파트에 비해서 시세차익이 얼마나 나는지 계산해 보면 되기 때문이다. 이렇게 간단한 이치가 없다. 특히 새 아파트로 탈바꿈되면 뻔히 대장주를 탈환할 아파트들은 투자가치가 확실하다. 가격을 주도하는 대장주를 늘 체크해야 하는 이유이다.

갈현1구역

2022년부터 2026년까지 불광5구역, 신사1구역, 대조1구역, 갈현1구역에서 새 아파트 1만여 가구가 연이어 공급될 계획이다.

갈현1구역은 뒤늦게 진행을 서두르고 있다. 2011년 정비구역으로 지정된 갈현1구역은 2022년 5월 은평구청으로부터 관리처분계획인가를 받았다. 지하 6층~지상 22층, 32개 동으로 구성되며 무려 4,116

가구가 들어설 계획이다. 그야말로 매머드급 단지이다. 2026년 준공 및 입주를 목표로 사업을 추진하고 있다. 보통 4천 세대가 넘으면 컨소시움이 시공사로 선정되는데 갈현1구역은 롯데건설이 단독으로 시공하게 되었다.

교통이나 인프라도 괜찮은 편이다. 지하철 3호선과 6호선 환승역인 연신내역과 6호선 구산역이 도보권에 있어 대중교통이 편리하다. 원래 갈현동은 부동산 시장에서 관심을 받던 곳은 아니었는데 연신내에 대한 관심과 맞물려 함께 주목받게 되었다. 지하철 3·6호선 환승역인 연신내역이 도보 15분 거리에 있는데 연신내역은 2024년 GTX-A노선이 개통되어 연신내역을 지나면 트리플 역세권 단지가 된다. 또한 구파발역의 롯데몰이 가까이 있으며 은평성모병원도 가깝다.

8·2대책으로 투기과열지구 내 재개발은 관리처분인가 이후부터 준공 후 소유권이전등기 때까지 전매(조합원 지위 양도)가 원칙적으로 금지된다. 그러나 갈현1구역처럼 2018년 1월 24일 이전에 사업시행인가를 신청한 곳은 예외이다. 관리처분인가 이후에도 전매할 수 있다는 점도 갈현1구역의 큰 장점이다.

단, 조합이 '초품아'를 포기한 점은 아쉬움으로 남는다. 조합원들과의 갈등까지 빚고 있을 만큼 큰 문제이긴 하다. 대단지임에도 초등학교가 없다는 것은 앞으로 계속 걸림돌로 남을 것이기 때문이다.

불광5구역

불광5구역은 지상 24층, 총 2,387가구의 아파트 단지로 탈바꿈할 예정이다. 교통입지가 그야말로 최고라고 할 수 있는데, 3·6호선 불광역 더블역세권이며 GTX-A 노선(예정)이 지나게 되는 연신내역과도 가깝다. 게다가 신분당선 서북부 연장(예정)의 수혜를 받는 독바위역도 걸어서 이용할 수 있다. 불광근린공원을 끼고 있고 불광초등학교도 가까워 알짜 입지로 평가받고 있다. 시공사는 GS건설로 결정되었다.

불광5구역은 2021년 사업시행인가를 받았다. 이미 불광 대부분의 구역은 재개발되었는데 불광7구역이 재개발돼 2011년 882가구 규모의 '북한산힐스테이트 7차'로 탈바꿈했고, 불광3구역에는 2011년 1,185가구의 '북한산힐스테이트 3차'가 들어섰다. 불광동 550번지 일대에 위치한 불광4구역은 '불광롯데캐슬'로 탈바꿈해 2013년 588가구가 입주했다.

최고의 입지라고 불리는 불광5구역에 이어 바로 위에 붙어있는 독바위 역세권 재개발도 함께 주목받고 있다. 지하철 3·6호선, GTX-A(예정)가 지나게 되는 연신내와 한 정거장 거리이다. 독바위역은 6호선인데 신분당선 연장이 유력해지면서 뜨거운 관심지가 되어버렸다. 강남 접근성이 좋은 신분당선이라는 노선을 거머쥐게 될 가능성이 높아질수록 독바위의 가치는 높아질 것이다. 1,305세대를 예상하고 있는데 지형이 약간 언덕이긴 하다.

독바위는 작년만 해도 많이 알려지지 않아 투자하기 좋은 곳이었다. 2021년에 고객들에게 이 구역 빌라들을 소개해 매매를 활발히 진행했는데 실투자금은 대략 1억 2천만 원이었고 계약하자마자 5천만 원이 오르는 경우도 많았다.

대조1구역

대조1구역은 최근 착공을 향한 관문을 넘어섰다. 2019년 5월 관리처분인가를 받아 이주·철거까지 완료했으나 원재자값 폭등으로 인해 공사비가 인상되어 조합과 시공사(현대건설)의 갈등이 컸지만 기존보다 20% 가량 공사비를 인상해 분쟁의 종지부를 찍은 것이다.

111,665㎡ 부지에 지하 4층, 지상 25층, 28개 동으로 구성되며 공동주택 2,451가구와 부대복리시설이 들어선다. 교통 인프라도 잘 발달되어 있다. 대조1구역 또한 지하철 3호선과 6호선이 지나는 불광역을 걸어서 이용할 수 있고, 역시 3·6호선이 지나고 GTX-A 노선 호재가 있는 연신내역도 인근에 있다. 무엇보다 초등학교가 단지 내에 있는 초품아 아파트라는 점이 큰 장점이다.

직주근접은 언제나 옳다

수색·증산뉴타운

직주근접 탁월한 수색 · 증산뉴타운

MBC와 SBS, CJ E&M 등 이름만 들어도 알 만한 방송, 영화, 게임, IT기업들이 빌딩숲을 이루고 있는 디지털미디어시티(DMC) 업무지구는 전문인력들이 모여있는 거대한 일자리 타운이다. 이 고급 일자리가 넘쳐나는 곳에서 길을 하나 건너면 수색·증산뉴타운이 나온다. 그야말로 '직주근접'이 탁월한데 이 점이 수색·증산뉴타운의 가장 큰 매력이라고 할 것이다. 일단 마포와 붙어있으니 마포 부동산 시세가 오르면 키 맞추기를 할 수밖에 없는 곳이다.

교통의 요지이기도 하다. 공항철도와 6호선 DMC역, 경의중앙선 수색역, 6호선 증산역을 이용할 수 있고 업무지구인 광화문, 종로는 차로 20분 안에 갈 수 있다. 최근 수색과 증산을 들썩이게 한 여러 교통호재도 있었는데, 마포구 상암동과 영등포구 양평동을 잇는 월드컵대교가 2020년 개통하면서 강서구와 영등포구로의 이동 시간이 단축됐다. 서부간선지하도로(영등포구 양평동~금천구 독산동)도 개통되어 고질 정체구간으로 여겨져 왔던 서부간선도로의 교통량이 분산되었다.

골칫거리였던 수색변전소는 2018년 지중화를 확정했고 그 자리를 어떻게 개발할지는 용지 소유주인 한전과 논의 중이라고 한다.

총 9개 구역에 1만 1,300여 가구의 대규모 주거타운을 조성하는 수색·증산뉴타운 사업은 2005년 지정되었다. 순탄하지만은 않았는데, 수색변전소 이전 문제와 글로벌 경제위기가 터지면서 사업이 더디게 진행되었다. 수년간 개발에 난항을 겪다가 2017년 수색동 DMC롯데캐슬더퍼스트(수색4구역)가 처음으로 분양하며 다른 구역도 활발하게 진행되기 시작했다. 이 단지는 2021년 12월 입주했다.

뜨거운 청약 열기

변전소 주변에 있는 낙후된 다세대주택 밀집촌이라는 이미지로 오랫동안 관심받지 못했던 수색·증산동 일대가 브랜드 아파트촌으로

수색·증산뉴타운

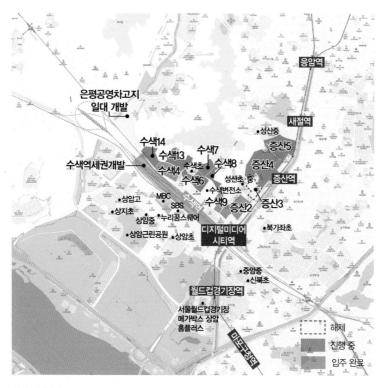

출처: 네이버지도

탈바꿈하기 시작하자 놀라울 정도로 과열 양상을 띠었다. DMC SK VIEW(수색9구역, 2021년 11월 입주)는 청약률이 무려 91:1이었다. 분양가는 5억 2천만 원 정도였다. 분양가 프리미엄만 7억 원 정도 붙어 2020년 5월에는 시세가 12억 원으로 껑충 뛰었다. DMC롯데캐슬더퍼스트(수색4구역, 2020년 입주)는 전용 84㎡ 분양가가 5억 8천만 원이

불광5구역 조감도

추후 변경 가능

었는데 2022년에는 10억 원 정도이다. 사실 분양가가 시세보다 지나치게 저렴하기도 했다. 분양가는 워낙 저렴하고, 마포가 바로 길 건너에 있으며 교통이 워낙 좋으니 시세가 고공행진을 한 것이다.

2020년 12월 은평구 수색·증산뉴타운 'DMC파인시티자이'의 미계약 1가구의 무순위 청약에는 약 29만 8천 명이 몰려 한때 서버가 마비되기도 했다. 당시 분양가가 5억 2,643만 원으로 주변 아파트 시세보다 5억 원 가량 저렴했던 것이다. 일명 '줍줍대란'이라고 불렸던 이 사건을 계기로 국토부는 분양 계약 취소 등으로 나온 무순위 물량 신청자격을 기존 '성년자(지역제한 없음)'에서 '해당 주택 건설지역(시·군)의 무주택 세대구성원인 성년자'로 제한했다.

수색·증산뉴타운 주요 구역 진행현황

구역	공급 규모(예정)	시공사	진행 단계
수색4구역	1,192가구	DMC롯데캐슬더퍼스트	2021년 12월 입주 완료
수색6구역	1,223가구	DMC파인시티자이	2023년 7월 입주 예정
수색7구역	672가구	DMC아트포레자이	2023년 2월 입주 예정
수색8구역	578가구	SK에코플랜트	사업시행인가
수색9구역	753가구	DMC SK뷰	2021년 10월 입주 완료
수색13구역	1,464가구	DMC SK뷰 아이파크포레	2023년 7월 입주 예정
수색14구역	944가구	도심공공복합개발 후보지 선정	미정
증산2구역	1,388가구	DMC센트럴자이	2022년 3월 입주 완료
증산4구역	4,112가구	도심공공복합개발 후보지 선정	미정
증산5구역	1,704가구	롯데건설	사업시행인가

2022년 8월 기준

2020년 7월 분양한 증산2구역 DMC센트럴자이 전용 55m^2 입주권은 2020년 9월, 17억 2천만 원에 거래됐다. 분양가는 7억 원 정도였다. 마포와 비슷한 시세의 이 대장주의 등장으로 수색과 증산은 외곽이라는 이미지에서 벗어난 셈이다.

DMC센트럴자이는 수색·증산뉴타운의 중심부에 있다. 지하철 6호선과 공항철도·경의중앙선이 지나는 디지털미디어시티역까지 걸어서 5분이면 갈 수 있다는 점이 가장 큰 장점이다. 증산초등학교와 증산중학교를 끼고 있다는 점도 인기를 얻는 데 한몫했다.

수색역세권개발사업

수색·증산뉴타운 일대에 반가운 개발호재가 있다. 지하철6호선과 공항철도, 경의중앙선이 통과하는 디지털미디어시티역(DMC역)과 수색역 일대를 개발하는 수색역세권개발사업이다. 수색교부터 디지털미디어시티역까지 220,000㎡의 면적에 업무공간과 문화관광시설, 상업시설 등이 조성될 예정으로 1단계는 2022년, 2단계는 2025년 착수할 계획이다.

수색역세권개발이 완료되면 상암동과 수색·증산뉴타운은 같은 생활권에 묶이게 된다. 이 사업이 가시화된 2020년 8월 즈음 수색·증산뉴타운에 공급된 4개의 단지가 1순위 평균 114대 1이라는 높은 경쟁률을 기록한 것만 봐도 이 사업의 수혜를 근처 아파트 단지들이 받고 있다는 것을 알 수 있다.

이 밖에도 은평공영차고지 일대(165,000㎡)를 개발하기 위해 철도기지창을 은평공영차고지 맞은편 고양시 땅(덕은동)으로 이주하고 산업지원공간 육성 방안을 계획하고 있는데, 고양시와의 마찰로 난항을 겪고 있다.

추후 변경 가능(출처: 서울시)

상암 롯데몰

DMC에 대형 쇼핑몰이 들어선다는 소식도 들린다. 사실 상암 롯데몰 개발 사업은 2013년 시작했던 프로젝트다. 당시 롯데는 서울시가 복합쇼핑몰 특별계획구역으로 지정한 상암 DMC 20,644㎡ 부지를 1,972억 원에 매입했다. 그러나 서울시가 골목상권 상생 방안을 수차례 요구하면서 난항을 겪기 시작했다. 2021년 들어서야 서울시 도시·건축공동위원회 심의를 통과하면서 착공이 가능해졌다. 상암 롯데몰은 롯데백화점, 롯데마트 등이 들어설 예정으로 서북 상권 최대 쇼핑몰을 목표로 설계하고 있다고 한다. 개장되면 수색·증산뉴타운 주민들은 지상·지하 통로를 통해 롯데몰을 오갈 수 있을 것이다.

은평의 대표 주거단지

은평뉴타운

끓어오르고 있는 은평

은평구는 그린벨트로 묶여 있는 곳이 많아 산지가 많고 서울의 끝자락이라 오랫동안 투기세력이 비교적 없는 편이었다. 특히 부동산 시장에서 관심을 받지 못했던 이유는 허름한 다세대·다가구주택들이 밀집한 동네라는 이미지를 벗지 못했기 때문이다.

　은평구는 서대문구나 마포구에 비해 빌라의 비중이 높다. 은평뉴타운 분양 초기와 입주 시기 이후에 은평뉴타운이 고분양이라는 소문이 나 일대 실수요자들은 그 주변에 있는 신축빌라를 선호했다. 이 시기 건축업자들은 어마어마하게 땅을 많이 사서 골목마다 신축빌라를 지었다. 이때 은평구와 강서구는 신축빌라의 성지였다.

노후된 아파트도 많은 편인데, 서울시 및 은평구 통계연보에 따르면 은평구에서 입주 연차가 10년 이상인 노후 아파트 비율은 무려 61.7%에 달한다.

그런데 최근 몇 년 사이 은평구의 아파트 값이 심상치 않게 올랐다. 대규모 재개발 사업과 GTX-A노선·신분당선 등의 호재 때문이다. 서울의 다른 지역과 비교할 때 강남 접근성이 상대적으로 떨어진다는 점이 단점으로 꼽히던 은평에 참 반가운 호재이다. 일자리 노선을 4개나 가지게 되는 것이다. 3호선이야 원래 일자리노선이었고, 상암 DMC 개발로 인해 일자리 노선이 되어가는 6호선, 연신내역의 강남을 잇는 GTX-A노선(예정), 독바위역을 지나는 신분당선(예정)으로 일자리 노선들이 모이는 지역이 되어가고 있다. 서울 도심에서 먼 외곽인 데다 강북 도심으로 가는 길이 통일로 하나여서 상습 정체 구역이었는데 새로운 노선들이 개통되면 어느 정도 해소될 것으로 보인다. 은평구에 교통호재는 여기서 그치지 않는다. 6호선 새절역에서 2호선 서울대입구역까지 연결되는 서부선 경전철이 2028년에 완공될 예정이다. 신촌 등을 지나기 때문에 은평 주민들이 서울 중심부로 이동하기가 더 편해질 것이다.

애물단지에서 은평의 대표 주거단지로

뉴타운은 기존 개별단지나 10,000㎡ 안팎의 소규모 재건축·재개발 사업을 묶고 도로와 학교, 공원 등 기반시설까지 건설해 도심 속 '미니 신도시'를 만드는 사업이다. 2002년 이명박 서울시장이 은평·길음·왕십리 세 곳을 뉴타운 시범지구로 지정하였고, 이듬해 11월 아현·가재울 등 2차 뉴타운 12곳을 추가하면서 활발하게 진행되었다.

취지는 강북에 '고급 주거 수요'를 만족시킬 만한 주거지역을 만들자는 것이었다. 서북권에 공공임대주택이 부족했기 때문에 대규모 공공임대주택을 공급하자는 목적도 물론 있었다.

이후 2005년까지 3차에 걸쳐 지구를 지정하였고, 2006년 지방선거와 2007년 대선, 2008년 총선을 차례로 거치면서 뉴타운 열풍이 일어났다. 하지만, 2008년 가을부터 시작된 세계금융위기가 뉴타운 광풍에 찬물을 끼얹었다.

은평뉴타운도 예외는 아니었다. 은평뉴타운은 은평구 진관내동·외동·구파발동 일대에 약 3,500,000㎡ 규모로 들어서는 강북권 '미니 신도시'급 사업이었다. 2004년부터 조성되면서 개발에 들어갔지만 변두리 이미지를 벗어나기는 어려웠다.

게다가 2006년, 판교에 이어 은평뉴타운도 고분양 논란이 있었다. 논란을 일으켰던 은평뉴타운 1지구의 분양가격은 결국 1년 후인 2007년에 1평당 최고 1,523만 원에서 1,380만 원으로 낮춰졌다. 우여곡절 끝에 2008년쯤 입주를 시작하여 거의 1만 7천 세대가 입주했으나 2008년 세계금융위기로 부동산 시세가 급격히 하락하며 은평

은평뉴타운

출처: 네이버지도

뉴타운 아파트 가격은 분양가보다 낮아졌다. 지금이야 생활인프라가 좋아졌지만 인프라는 없고 외곽이라 실수요자들이 외면한 결과이기도 하다. 사실 실수요자가 그렇게 많을 리도 없었다. 어느 지역이든 투자 수요자들이 있어야 가격이 형성되기 마련인데 투자 수요도 적었다.

2011년에는 은평뉴타운 빈집 대란까지 일어났다. 매매경기 침체로 자기 집을 팔지 못해서 입주 잔금을 못 치르는 이들도 일부 있었던 것이다. 수억 원의 무리한 주택담보대출로 잔금을 치른 뒤 집값

상승 신호를 기다리며 힘겨루기를 하거나, 잔금 납부를 미루는 이들로 빈집은 점점 늘어났다. 이때는 은평뿐 아니라 전국적으로 민간 건설사들의 미분양 물량이 쏟아져 나왔다. 시작이 떠들썩했던 은평뉴타운은 2012년까지 계속 미분양되었고 미분양률이 30%를 육박했다. 서울시는 전세 임대조건을 완화시키는 등 미분양을 완화시키기 위해 많은 노력을 기울였다. 전세도 안 나가고 안 팔려서 울며 겨자 먹기로 가지고 있거나 분양가보다 더 싸게 파는 이들도 있었다.

이렇게 한때 미분양, 미입주 문제로 몸살을 앓기도 했지만 상권과 교육 등 생활환경이 개선되면서 지금은 은평구에서 비싼 몸값을 자랑하는 곳이 되었다. 은평구의 대장주들은 녹번에 있지만, 은평구를 대표하는 주거단지는 누가 뭐래도 은평뉴타운이다. 구파발역 인근에 은평성모병원과 쇼핑몰, 대형마트, 영화관, 키즈파크 및 운동시설 등이 있는 롯데몰이 들어섰고 가까운 삼송에 스타필드고양이 오픈하는 등 생활인프라도 좋아졌다. 구파발역, 연신내역과 가깝고 구파발역에는 환승센터가 있다. 또 하나 빼놓을 수 없는 은평뉴타운의 매력은 북한산 조망권이다. 북한산이 은평뉴타운 뒤로 병풍처럼 펼쳐져 있으며 공기가 맑고 조용해 주거 만족도가 높은 편이다. 서울 도심 속에서 자연을 가깝게 누릴 수 있다는 것은 큰 장점이다.

구파발역 초역세권 주요 단지 시세를 알아보면, 평당 3,300만 원에서 3,400만 원 정도의 시세를 형성하고 있다(2022년 8월 기준). 은평스카이뷰자이 전용 84m^2가 12억 5천만 원(2021년 10월), 은평뉴타운 박석고개힐스테이트1단지 전용 84m^2가 11억 5천만 원(2021년 8월)에 거래되었다.

굵직한 호재, 신분당선 서북부 연장

은평뉴타운이 앞으로 기대되는 이유는 신분당 연결 때문이다. 신분당선은 신사까지 연결하는 연장선 1단계 구간이 지난 5월 개통했고, 제4차 국가철도망구축계획에 따라 서북부 연장 사업이 추진 중이다. 윤석열 대통령 공약 중 1기 GTX 노선과 함께 전문가들의 호평을 받고 있는 노선은 신분당선 서북부 연장이다. 용산역까지 계획된 신분당선을 용산역에서 서울역을 잇고 은평뉴타운을 거쳐 고양시 삼송까지 연장하는 사업으로 작년 말 기획재정부에서 이미 예비타당성조사 대상사업으로 선정한 바 있다. 하지만 2018년 예비타당성조사 대상에 이름을 올렸다가 사업성 등을 이유로 한 번 철회한 적이 있어 사업 지속 여부가 불확실한 상황이었다. 그러나 윤 대통령이 노선 연장을 공약화함에 따라 다시 실현 가능성에 주목받고 있다.

노선 연장 시 가장 큰 수혜는 서울 은평뉴타운과 삼송 일대가 받을 것이다. 용산과 강남 핵심 지역, 판교와 연결된다는 사실 하나만으로도 은평은 다시 평가받을 것이다. GTX-A 노선이 연신내역 주변 부동산에 대형 호재라면 신분당선 서북부 연장사업은 은평구 지역 전반에 걸친 호재이다. GTX-A노선 2024년 개통 때문에 은평구 부동산에 관심을 보이는 이들은 점점 늘어나고 있다.

신분당선 서북부 연장안

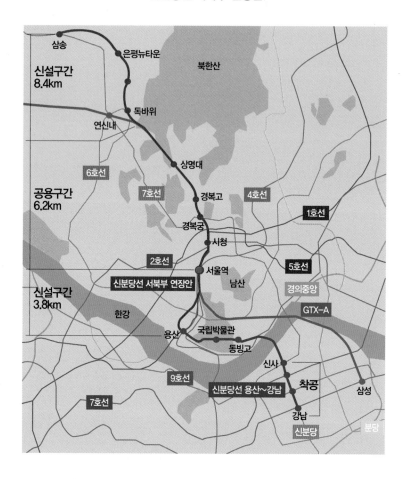

지금도 천지개벽 중

미아·길음뉴타운

거대한 뉴타운 도시

'미아리' 하면 낡은 주택과 좁고 구불구불한 골목길, 재래시장, 유흥가 등이 떠오른다면 몇 년 사이 미아사거리를 안 가본 사람이다. 롯데백화점, 현대백화점, 이마트가 모여 있는 거대한 상권도 화려하지만 쟁쟁한 뉴타운 두 개가 위아래로 붙어 있고, 아직도 활발한 개발로 눈부시게 변화하고 있는 곳이 미아리이다.

　길음뉴타운과 미아뉴타운은 같은 생활권이라고 보면 된다. 완성된 길음뉴타운 1만 5천여 가구와 곧 완성될 미아뉴타운 1만 5천여 가구를 합하면 무려 3만 가구이다. 미아사거리를 건너면 서울 최대 규모의 장위뉴타운(2만 3,846가구)이 최근 들어 빠르게 사업을 진행하고 있다. 이 세 개 타운이 모두 완성되면 시너지 효과를 함께 누리게 될 것이다.

반가운 교통호재로 미아·길음뉴타운 방긋

미아·길음뉴타운은 지하철 4호선 길음역과 미아사거리역과 우이신설선 삼양사거리역, 솔샘역, 정릉역이 에워싸고 있어 교통이 매우 편리하다.

반가운 노선이 두 개 더 예정되어 있는데, 동북선 경전철과 강북횡단선이다. 동북선은 2026년 완공 목표로 공사에 착수했다. 왕십리역-제기동역-미아사거리역-월계역-하계역-상계역을 잇는 총 13.4km 길이의 노선으로 모든 구간이 지하에 건설된다. 왕십리역에서 수인분당선으로 환승하면 강남구청역, 선릉역 등 강남권으로 쉽게 이동할 수 있다.

강북횡단선은 목동에서 한강을 건너 가재울뉴타운을 통과하고, 이후 서울 북부를 쭉 가로질러 정릉역과 길음역을 지나 청량리역까지 연결되는 노선이다. 도시철도가 거의 없는 지역을 관통하기 때문에 지역균형발전선이라고도 불린다. 제2차 서울특별시 10개년 도시철도망구축계획에 포함되었고, 2021년 8월에 예비타당성조사 대상

왕십리–상계 동북선 경전철 노선도

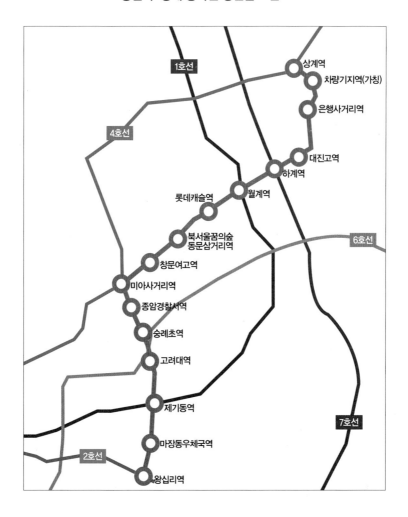

강북횡단선 노선

추후 변경 가능

사업으로 선정되어 2021년 10월부터 KDI가 예비타당성조사에 착수했다.

미아뉴타운

미아동이라는 이름은 되너미 고개(성북구 돈암동에서 미아리로 넘어가는 고개)에서 유래됐다는 이야기도 있고 미아사(彌阿寺)가 오랫동안 있어 그렇게 불렸다는 말도 있다. 한자 뜻은 '언덕에서 쉬어가는 마을'인데 미아동에는 실제 언덕이 많다.

미아뉴타운은 미아5·6·7동 일대(약 970,000m^2)에 약 1만 6천 가구

미아뉴타운

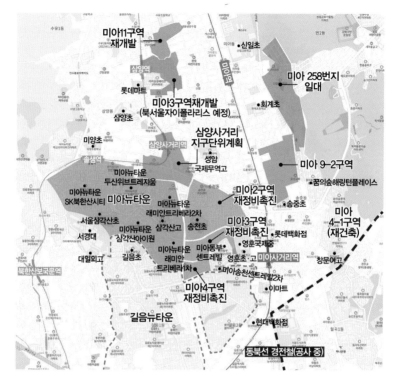

출처: 네이버지도

에 달하는 아파트 단지를 조성하는 사업이다. 존치구역 4개 구역, 재개발 3개 구역, 미아뉴타운의 확장구역인 재정비촉진구역(자율정비구역) 4개 구역 등으로 이뤄져 있다.

존치구역은 SK북한산시티, 삼각산아이원, 벽산라이브파크 등 1천 가구 이상의 단지가 조성돼 있고 재개발 구역은 미아 6·7동의 6

구역(래미안트리베라1차), 8구역(두산위브트레지움), 12구역(래미안트리베라 2차)이 입주를 마쳤다.

미아동 일대는 뉴타운 지역 4곳을 포함해 현재 16곳에서 정비사업이 진행 중이다. 강북구 전체 정비사업 중 60%가 미아동에 몰려있다고 하니 얼마나 역동적으로 이 일대가 변하고 있는지 짐작할 수 있다.

미아뉴타운 오른쪽에는 지하철 4호선 미아사거리역이 있고, 우이신설 경전철이 미아뉴타운 북부 경계를 따라 삼양사거리역, 솔샘역을 지난다. 2025년 완공 예정인 동북선 경전철도 미아사거리를 지날 예정이다. 완공되면 왕십리역까지 10분 내로 갈 수 있다.

미아뉴타운은 생각보다 교육환경도 좋은 편이다. 미아재정비촉진지구 가까이 명문사립학교인 영훈초·중·고가 있다. 영훈국제중학교는 삼성전자 이재용 부회장의 자녀 입학으로 시끄러웠던 학교로 신입회입학설명회 때 전국 각지에서 몰려드는 명문이다. 인근에 대일외국어고등학교도 있으며 기존 미아뉴타운 내에는 삼각산초·중·고, 길음초·중이 있어 학교를 품은 단지들이 많다.

미아재정비촉진구역

2006년 미아뉴타운의 확장지구로 지정되어 '제2의 미아뉴타운'으로 불리는 미아재정비촉진구역은 미아뉴타운의 마지막 개발예정지이다. 서울지하철 4호선 미아사거리역과 영훈초·중·고가 가까워 입지

미아2재정비촉진구역 조감도

출처: 네이버지도

가 아주 좋은 편이다. 1~5구역으로 이뤄져 있는데 이 중 2014년 구역 해제된 1구역을 제외한 2~4구역이 활발하게 진행되고 있고 5구역은 2010년에 미아송천센트레빌(376세대)이 들어섰다.

미아2재정비촉진구역(3,542가구)은 2016년 조합설립인가를 받았고, 건축심의 중이다. 속도는 느리지만 워낙 규모가 크고 초등학교를 품고 있어 선호도가 높은 구역이다.

미아3재정비촉진구역(1,037가구)은 2022년 5월 롯데건설을 시공사로 선정했다. 면적은 157,935m^2이고 지하 3층, 지상 29층, 12개 동이 들어설 예정으로 규모가 큰 편이다.

미아4재정비촉진구역(493가구)은 2021년 HDC현대산업개발을 시공사로 선정했다. 지하 4층, 지상 11~29층, 총 6개 동을 지을 예정이다. 이 구역은 기반시설이 양호해 재개발이 아니라 재건축이다. 예외는 있지만 재건축이기 때문에 현재 전매 금지 대상이다.

미아재정비촉진구역 사업 추진이 완료되면 미아·길음뉴타운과 함께 약 3만 가구 규모의 거대한 아파트 타운이 된다. 미아뉴타운 주변에도 미아3구역주택재개발, 미아11구역주택재개발, 삼양사거리지구단위계획 등 크고 작은 재개발, 재건축 사업들이 활발하게 진행 중이다.

미아의 대장주들

미아는 아직 작은 평수의 아파트가 10억 원을 넘어서진 않는다. 몇몇 대장주 아파트의 가격대를 살펴보면, 꿈의숲롯데캐슬은 전용 84m^2가 11억 3천만 원(2022년 4월)에 거래됐다. 꿈의숲해링턴플레이스의 전용 84m^2는 10억 원(2022년 6월)에 거래되었다. 송천센트레빌은 전용 114m^2가 14억 9,500만 원(2021년 8월)에, 전용 74m^2는 9억 5천만 원(2021년 1월)에 팔렸다.

길음뉴타운

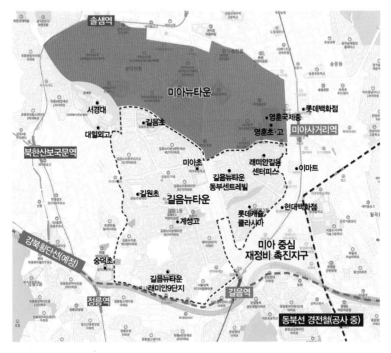

출처: 네이버지도

길음뉴타운

2002년 은평, 왕십리와 함께 1차 뉴타운으로 선정된 길음뉴타운은 대부분 주택이어서 이해관계가 복잡한 상업시설이 많지 않기 때문에 다른 뉴타운에 비해 빠르게 진행되었고, 바로 서울 강북의 대표 주거지 자리를 꿰찼다. 총 12개 단지, 1만 5천여 가구 규모로 2022년 1월 입주한 롯데캐슬클라시아를 마지막으로 뉴타운 사업이 종료되었다.

종로구, 중구 등 일자리타운과 가깝고 삼성물산 래미안, 대우건설 푸르지오, 대림산업 e편한세상과 두산건설 위브 등 아파트 단지 대부분이 1군 브랜드 아파트라는 점은 큰 강점이다. 언덕이 많고 노후 주택이 즐비했던 산동네가 브랜드 아파트들이 몰려 있는 대규모 주거타운이 된 것이다.

길음의 대장주들

길음뉴타운은 완성이 됐기 때문에 미아보다 시세가 높다. 그래서 미아·길음 생활권의 대장주들은 길음뉴타운에 몰려 있다. 신축인 롯데캐슬클라시아는 2019년 5월에 분양했고, 분양가가 전용 $59m^2$는 5억 8,500만 원, 전용 $84m^2$는 8억 1,300만 원이었다. 2022년에 전용 $59m^2$가 11억 원대에 거래되고 있으니 두 배로 오른 셈이다.

지하철 4호선 미아사거리역을 끼고 있는 래미안길음센터피스는 준공 이후 줄곧 성북구의 대장주로 불렸다. 2019년 2월에 준공됐고 전용 $84m^2$가 16억 4,700만 원(2021년 9월)에 거래되었다. 길음뉴타운9단지래미안 전용 $84m^2$는 12억 5천만 원(2022년 1월)에 거래되었다.

숲세권 미니신도시

장위뉴타운

반쪽짜리 뉴타운에서 미니신도시로

2005년 3기 뉴타운으로 지정된 장위뉴타운은 아파트 2만 3,846가구의 엄청난 규모로 화제를 모았다. 서울 35개 뉴타운 중 가장 규모가 큰 이 거대한 뉴타운은 안타깝게도 지금까지의 과정이 순탄하지는 않았다. 2008년 불어닥친 금융위기로 경기가 급격히 안 좋아지면서 계속 추진하자는 주민과 그만두자는 주민 사이에 갈등의 골이 깊어져 갔고 결국 2014년 장위 12구역이 가장 먼저 사업을 접었다. 다음

장위뉴타운

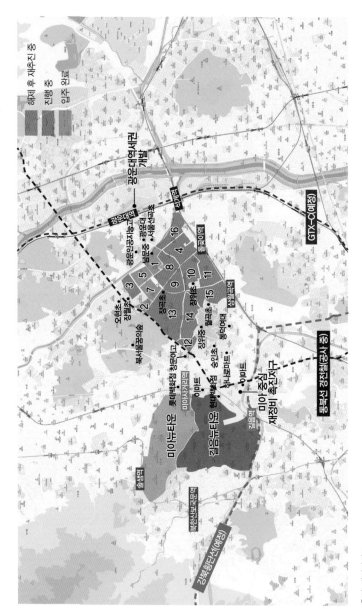

출처: 네이버지도

286

으로는 8, 9, 11, 13, 15구역이 해제되었다. 이렇게 서쪽 6개 구역이 해제되어 장위뉴타운은 반쪽짜리 뉴타운이라 불리게 되었다. 하지만 동쪽의 1, 2, 5, 7역은 사업을 끝까지 완료하여 새 아파트 단지로 탈바꿈하였다. 4, 6, 10 구역도 재개발 8부능선이라 불리는 관리처분인 가를 마친 단계이다.

그런데 요즘 장위뉴타운의 분위기가 바뀌었다. 해제되었던 구역들이 신속통합기획과 공공재개발 등으로 다시 사업을 시작하려는 움직임이 활발하다. 반쪽이라는 오명을 벗고 미니신도시가 될 수 있을 거라는 기대감이 커지고 있으며 동북선 경전철, GTX-C노선 개통이라는 반가운 호재는 이런 분위기를 더욱 확산시켰다. $660,000m^2$ 규모의 북서울꿈의숲, 월계근린공원, 오동공원 등 주변에 공원이 많아 쾌적한 주거환경을 갖추고 있다는 점도 큰 장점이다. 이 대형 뉴타운이 완성되면 미아·길음뉴타운 못지 않은 주거단지가 될 것이다.

동북선 경전철과 GTX-C 호재

지하철 6호선 상월곡역, 돌곶이역과 1호선과 6호선의 더블역세권인 석계역이 있는 장위뉴타운에 두 가지 교통호재가 있다. 바로 동북선 경전철과 GTX-C노선이다. 동북선의 최대 수혜지는 장위뉴타운일 것이다. 성북구의 고질적인 교통 문제를 개선해 줄 동북선은 지하철 왕십리역-제기동역-북서울꿈의숲-미아사거리역을 거쳐 상계역까지 연결된다. 북서울꿈의숲역에서 동북선을 타면 지하철 2, 5호선과 분당선, 경의중앙선을 연결하는 왕십리역(GTX-B노선 개통 예정)에서 환승하여 각지에 편리하게 이동할 수 있고, 특히 강남까지 30분 안에 갈 수 있게 된다.

장위뉴타운은 광운대역이 가까이 있어 부동산 시장에서 뜨거운 키워드인 GTX노선의 수혜지이기도 하다. 정부는 GTX-C노선 공사를 2023년 시작해 2028년에 개통한다는 계획을 내놓았다. GTX-C 노선은 수원에서 양재, 청량리를 경유하고 양주 덕정까지 가는 노선이다. 개통되면 강남으로 순식간에 갈 수 있게 된다. 이 외에도 노원구가 KTX 의정부 연장선이 광운대역에도 정차할 수 있도록 추진 중이라는 소식도 들리고 있다.

광운대역세권 개발 사업

장위뉴타운 인근인 광운대역 근방 스카이라인이 크게 바뀔 것이다. 광운대역 인근 물류 부지(148,166㎡)를 개발해 주상복합단지를 건설하는데, 최고 49층 업무 상업 복합건물과 2,500세대 주상복합 아파트가 들어설 계획이다. 2022년 하반기 내 착공해 2026년 준공을 목표로 하고 있으며 시공사는 현대산업개발이다. 장위뉴타운 개발사업과 함께 시너지를 낼 수 있는 호재이다.

장위뉴타운 진행 현황

장위뉴타운은 새 아파트로 탈바꿈한 동쪽과 꿈틀거리는 서쪽이 대비되는 풍경을 가지고 있다. 요즘은 철거를 위해 안전 팬스가 쳐져 있는 곳들도 있고 개발사업 추진 내용을 담은 현수막이 여기저기 걸려 있어 장위뉴타운이 완성을 위해 꿈틀거리고 있음을 느낄 수 있다.

동쪽의 입주완료된 구역은 총 4개 구역이다. 1구역이 래미안장위포레카운티(2019년 6월 입주)로, 2구역이 꿈의숲코오롱하늘채(2017년 10월 입주)로, 5구역이 래미안장위퍼스트하이(2019년 9월 입주)로, 7구역이 꿈의숲아이파크(2020년 12월 입주)로 탈바꿈하였다. 시세를 보면, 가장 최근에 입주한 꿈의숲아이파크(1,703세대) 전용 $84m^2$가 11억 원에서 12억 정도이다. 세대 수가 많지 않고 아직 뉴타운이 완성되지 않아 길음뉴타운이나 미아뉴타운에 비해 저렴한 편이다. 또한 이 아파트들은 지하철역에서 떨어져 있는 편인데, 석계역이나 돌곶이역, 상월곡역 근처의 역세권 구역에 재개발이 완료되면 시세를 이끌 대장주가 탄생할 것이다.

4, 6, 10구역은 관리처분인가를 마친 상태로 이주철거 또는 철거 단계에 있다. 역세권이라 장위뉴타운에서 가장 주목받고 있고, 진행도 빠르다. 4구역(2,840가구)은 GS건설이 시공사(자이)로 선정되었으며, 2025년 3월 준공을 목표로 착공 중이다. 6구역(1,637가구)과 10구역(1,968가구)은 대우건설이 시공사로 선정되었다. 6구역은 석계역에서 가까워 더블역세권이고 수변공원을 조성할 예정이라고 한다. 4구역과 6구역은 장위뉴타운의 대장주가 될 것이라고 평가받고 있다.

17~32층에 달하는 고층 새 아파트 단지가 하나둘 들어설수록 해제된 재개발 구역들은 아쉬움의 목소리들을 내기 시작했다. 그러다 민간 재개발뿐 아니라 정부 주도 다양한 정비 사업이 정책적으로 등장하면서 다시 도전하는 분위기가 되살아났다.

14구역은 건축심의 준비 중이다. 14구역과 붙어있는 15구역은 지하철 6호선 상월곡역과 맞닿아 있는 초역세권으로, 2022년 3월 30일 조합설립인가를 받았다. 사업이 마무리되면 2,464가구 규모 대단지가 들어선다.

15구역은 그동안 우여곡절이 많았던 곳이다. 2018년 5월 정비구역에서 해제됐다가 2021년 1월 서울시를 상대로 한 정비구역 무효 소송에서 승소하면서 사업에 다시 물꼬가 트이기 시작했다. 15구역이 14구역과 함께 재개발이 이뤄질 경우 거대한 아파트 단지가 되어 시너지를 낼 것으로 기대된다.

정비구역이 해제된 지역 중 상당수 구역은 공공재개발 후보지 또는 도심공공주택복합사업 후보지로 지정됐다. 장위뉴타운의 중심에 있는 8구역과 9구역이 대표적인 장위뉴타운의 공공재개발 구역이다. 2021년 3월 제2차 공공재개발 시범사업 후보지로 선정되었다. 공공재개발은 한국토지주택공사(LH)와 서울주택도시공사(SH공사) 등 공공기관이 정비사업에 참여해 낙후된 주거환경을 개선하고 도심 내 주택을 공급하는 사업이다. 용적률을 높여주거나 인허가를 간소화하는 등의 인센티브를 지원받아 사업성이 높아지고 사업 속도도 높일 수 있다. 국토부는 2종 일반주거지역이었던 장위 8, 9구역을 3종 일반주거지역으로 종상향해 용적률을 높였다. 8구역과 9구역에는 각 2,587가구와 2,300가구의 아파트가 새로 들어설 계획이다. 이 두 구역은 공공재개발이기 때문에 공모 공고일인 2020년 9월 21일 이후 지어진 다세대, 빌라 등은 모두 현금청산 대상이다. 또한 토지거래허가구역으로 지정되었기 때문에 일정 규모 이상의 주택, 상가, 토지 등을 거래할 때에는 구청장의 허가를 받아야 한다.

12구역은 2021년 8월 도심공공주택복합사업의 6차 선도사업 후보지로 선정되면서 다시 개발의 시작을 알렸다. 도심공공주택복합사업은 기존 민간 사업으로는 개발하기 어려웠던 역세권, 준공업 지역, 저층 주거지에 LH와 SH공사 등 공공 주도로 주택을 지어 공급하는 사업이다. 공공재개발과 비슷하지만 공공재개발은 사업 기간 동안 토지 소유권이 기존 토지주에게 있고, 도심공공주택복합사업(공공주도재개발)은 소유권까지 공공에 넘기는 부분이 가장 큰 차이점이다. 12구역은 도심공공주택복합사업이므로 2021년 6월 29일 이후 신규 취득 시 현금청산 대상이다. 공공재개발, 공공재건축은 현금청산 대상인지 아닌지, 확인을 해야 한다는 점을 꼭 기억하자.

11구역과 13구역은 구역 지정이 해제된 후 신속통합기획 민간 재개발 후보지에 공모했지만 탈락했고 다시 민간 재개발을 추진하고 있다. 가로주택정비 사업 여러 개가 진행 중인 구역들이기도 하다. 특히 장위13구역은 신축빌라가 많아 노후도를 잘 살펴야 할 필요가 있다.

6장

경기도
핵심 투자지역

판교와 과천은 강남 못지않은 시세를 가지고 있고,
분당은 1기 신도시 재건축 규제 완화 이슈로
가장 주목을 받는 지역이다.
행정구역만 경기도일 뿐 서울의 웬만한 곳보다
그 가치를 인정받고 있는 경기도 핵심 지역을 살펴보자.

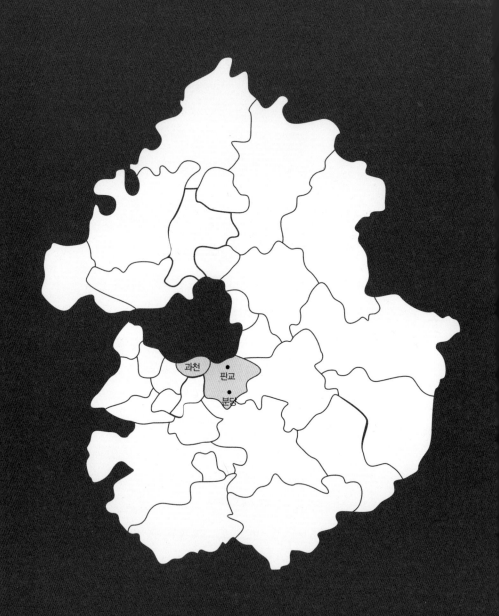

강남을 위협하는 ICT 성지

판교

첫째도 일자리, 둘째도 일자리!

한때 '판교 신혼부부'라는 말이 SNS에서 유행한 적이 있다. '판교 신혼부부'의 의미를 가늠해 보면 '부자 부모가 사준 판교 아파트에 사는 신혼부부'이다. 판교역에서 가까운 판교푸르지오그랑블아파트 36평의 시세는 24억 원 정도이다. 어지간한 강남권 아파트와 맞먹는 가격이라 대기업을 다니는 맞벌이라도 신혼부부가 사기는 당연히 어렵다. 오랫동안 그린벨트로 묶여 있던 판교가 이렇게 핫한 동네가 된

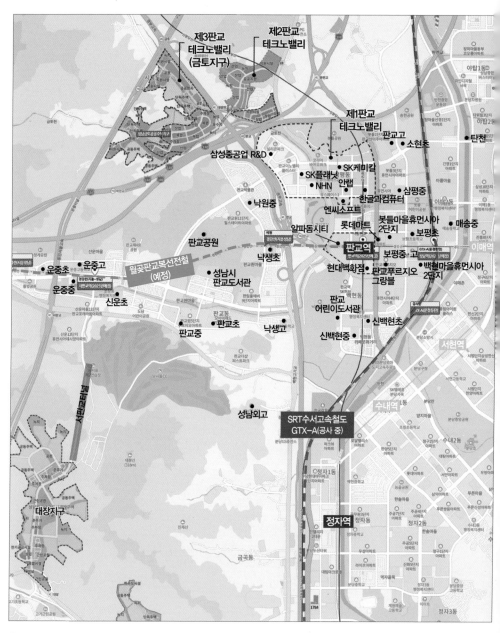

출처: 네이버부동산

것은 판교신도시와 테크노밸리가 들어서면서부터이다.

판교신도시는 3기 신도시들의 롤모델이다. 가장 성공한 신도시라는 얘기다. 보통 '신도시' 하면 배드타운을 먼저 떠올리지만 판교신도시는 테크노밸리 유치로 경제적 자립까지 성공한 모델을 만들어냈다. 주거와 업무·문화·상업 등을 한 번에 누릴 수 있는 자족 기능을 갖춘 이 매력적인 신도시는 천당 밑에 있다는 분당을 훌쩍 뛰어넘어버리더니 이제 강남을 넘보고 있다. 판교는 분당보다 서울 강남에 더 가깝고 새 건물이 많은 데다 일자리까지 풍부해 분당보다 더 시세가 높을 수밖에 없긴 하다.

강남불패의 신화는 '일자리'가 만들어냈다. 물론 교통, 학군 등 강남의 모든 입지조건이 훌륭하지만 일자리가 없었다면 지금의 강남은 없었을 것이다. 그렇다면 판교를 제2의 강남으로 꼽지 않을 이유가 없다. 네이버, 카카오 등 MZ세대들이 취업하고 싶은 1순위 기업들이 줄줄이 자리 잡은 판교야 말로 고급 일자리의 밀집지이기 때문이다. 네이버·카카오·라인·쿠팡·배달의민족과 같은 대표 IT기업부터 넥슨·엔씨소프트·크래프톤·웹젠·위메이드·네오위즈 등 게임 대표 기업들이 판교에 있다는 것만으로도 판교의 미래가치는 높을 수밖에 없다.

무엇보다 판교는 젊은 고급 인력이 모여드는 곳이다. ICT 기업들의 인재 영입 경쟁으로 판교테크노밸리에는 평균 연봉이 1억 원이 넘는 '연봉 1억 클럽' 가입 기업 수가 늘고 있다. 2021년 평균 임금은 카카오가 1억 7,180만 원, 네이버가 1억 2,915만 원, 국내 5대 게임사

(크래프톤, NC소프트, 넷마블, 펄어비스, 카카오게임즈)는 평균 1억 1,931만 원이라고 한다. 30대 고연봉 인력이 넘쳐나는 젊은 판교는 지금도 성장 중이다.

거대 빌딩 숲이 인상적이지만 자연환경도 훌륭하다. 청계산, 문형산, 불곡산으로 둘러싸여 있고 도심에 공원도 많아 쾌적한 주거지로도 인기가 좋다.

판교테크노밸리 1, 2, 3

판교의 대표적인 이미지는 테크노밸리이다. 엄청난 규모의 빌딩들이 모여 있어 마치 미래도시 같은 모습이라 IT 관련 뉴스의 배경화면으로 자주 등장한다. 오랫동안 그린벨트로 묶여 있어 하우스가 즐비한 농촌지역이었던 판교에 첨단산업단지가 들어선 것이다.

판교테크노밸리의 역사는 20년 전으로 거슬러 올라간다. 2004년 경기도에서 IT산업 부흥을 목표로 큰 규모의 밸리 조성 계획을 발표했고, 성남·고양·수원·용인·의정부 등 여러 수도권 위성도시들이 신청해 각축전을 벌였다. 그중에서 성남시가 판교신도시 계획에 강남구와 바로 연결되는 신분당선 계획이 있다는 점을 내세워 유치 경쟁에서 승리하였다.

판교테크노밸리는 지식산업센터 위주로 개발하였고 정중앙에 공터를 조성하였다. 이 구조는 아시아 최초의 IT신도시인 홍콩의 사이버포트와 대만의 난강소프트웨어단지를 벤치마킹했다고 한다. 2006

년에 착공하여 2012년부터 IT기업들이 판교테크노밸리로 입주하기 시작하였다. 처음에는 안랩, 한글과컴퓨터, 포스코ICT 등이 차례로 입주했고, 엔씨소프트, 넥슨코리아, 웹젠 같은 게임 제작사들도 입주했다.

'한국의 실리콘밸리' 판교테크노밸리는 계속 확장되고 있다. 판교테크노밸리 1의 성공에 힘입어 건설된 판교테크노밸리 2에는 배달의민족, KT, 만도 인터파크, CJ헬스케어 등의 기업들이 속속 입주하였다. 현재 판교테크노밸리 1과 2에는 1,300여 개 기업이 둥지를 틀었고 상주 인원만 7만 5천여 명으로 추산되는데, 앞으로 판교테크노밸리 3까지 개발이 완료되면 약 2,500여 개 기업에 약 13만여 명이 상주하는 첨단 산업클러스터가 될 것이다.

판교의 랜드마크, 알파돔시티

판교역에 내리면 바로 갈 수 있는 알파돔시티는 부지 면적이 137,727㎡로 코엑스의 4배에 달한다. 총 사업비 5조 원이 넘는 초대형 프로젝트로 화제를 모았지만 2008년 금융위기로 좌초될 위기를 겪었고, 결국 2021년 무사히 마무리되어 판교의 대표 랜드마크로 우뚝 자리잡았다.

카카오는 판교 알파돔시티 6-1블록 전체를 10년간 임대했다. 판교역과 바로 연결되는 최고의 입지를 자랑한다. 본사 사옥이 있는 제주도 근무자를 제외하고는 카카오 공동체 대부분이 판교 알파돔으로 이전하였다.

판교역 사거리에 위치한 알파돔시티 6-2블록, 판교테크원타워는 연면적 197,137㎡ 규모의 오피스 빌딩이다. 네이버 계열사와 국내 IT 기업, 대형 법무법인 등이 입주해 있다. 네이버와 카카오가 길 하나를 사이에 두고 마주보고 있는 셈이다.

알파돔은 백화점, 영화관, 음식점들이 즐비해 쇼핑과 문화생활을 즐길 수 있다. 주인공은 단연 현대백화점인데, 알파돔판교의 삼평동과 백현동 집값이 가파르게 오른 데는 알파돔시티에 입주한 현대백화점이 한몫했다. 2016년 문을 연 현대백화점 판교점은 현대백화점 중 매출 1위를 달리는 지점으로 연 매출 1조 원이 넘는 판교 쇼핑의 메카이다. 알파리움 주상복합(931세대), 조선호텔앤리조트 그래비티 서울판교도 알파돔에 들어서 있다.

거듭되는 교통호재

판교는 '제2의 강남'답게 교통의 요지이다. 신분당선을 타면 판교역에서 강남역까지 14분이면 갈 수 있다. 용인서울고속도로와 분당내곡간고속화도로, 대왕판교로를 이용하면 강남권으로 빠르게 이동할 수 있고 제2경인고속도로와 수도권1제순환고속도로를 통해 과천·안양·하남도 쉽게 오갈 수 있다. 대왕판교IC에 광역버스 환승정류장도 들어설 예정이라 도로교통은 더욱 편리해질 것이다.

판교에 교통호재는 끊이지 않는다. 월곶에서 광명, 안양, 인덕원을 거쳐 판교까지 이어지는 월곶~판교선 서판교역(2025년 개통 예정)과 킨텍스, 서울역, 삼성, 성남, 용인, 동탄을 연결하는 GTX-A노선 성남역(2024년 개통 예정)이 생기면 판교는 교통의 허브가 된다.

판교역이 있는 동판교에 비해 서판교는 교통이 불편하다는 것이 약점이었는데, 월곶-판교선이 개통되면 서판교역(운중동 중산운사거리)을 통해 신분당선 판교역 환승이 가능해 서울 강남권은 물론 판교 중심권으로 접근성이 더욱 좋아질 것이다.

GTX-A와 판교에서 여주까지 가는 경강선이 만나는 새로운 교통 허브인 '성남역'은 분당 이매동에 생긴다. 아파트들이 모여 있는 한가운데 역이 생겨 근방 아파트들의 시세는 강세이다. 성남시는 성남역에 복합환승센터를 버스와 연계해서 짓는 방안을 모색하고 있다.

문제는 출퇴근 시간이다. 10년 동안 판교는 폭발적으로 커졌고 교통상황은 서울 도심 한복판을 방불케 한다. 오후 6시가 넘으면 길이 꽉 막혀 귀가 전쟁을 치루며 판교를 빠져나가야 한다. 수서-분당 간도로, 내곡터널, 경부고속도로 등은 이미 상습정체로 악명이 높다.

최근 이 일대의 교통난을 해결하고 접근성을 높이기 위해 추진 중인 '판교 트램'이 화제인데, 분당구 운중동에서 판교테크노밸리 1, 2, 3 및 분당선 서현역과 정자역 등으로 이어지는 노선이다.

한편 서울 지하철 8호선을 판교테크노밸리 중심부까지 연결해서 판교테크노밸리역을 신설하고 판교역과도 환승하게 하려는 움직임도 활발하다.

편리한 동판교와 쾌적한 서판교

2003년부터 조성한 판교신도시는 3만 세대, 8만 8천 명을 수용할 수 있는 신도시로 2011년 완료되었다. 판교 아파트들은 판교역 주변인 동판교의 백현동과 삼평동, 그리고 고속도로 넘어 서판교의 운중동에 모여 있다.

판교신도시는 처음부터 난리법석이었다. 강남에서 가까운 단지는 5억 원대로 분양되었고 어찌나 열기가 뜨거웠는지 채권입찰제까지 생겼었다. 채권입찰제란 분양가상한제가 적용된 새 아파트보다 인근 단지 시세가 30% 이상 저렴할 경우, 청약자가 분양가와 별도로 국민주택채권을 매입하는 방식이다. 채권 매입액에 따라 당첨 가능성이 높아지기 때문에, 청약자에게는 부담이 되었는데 당시 판교는 채권입찰제로 7억 원 정도에 분양이 되었다.

현재 판교의 아파트 실거래가는 과천과 함께 경기도 최고 수준이다. 처음부터 고가였기 때문에 판교에는 학군도 빠르게 자리 잡았다. 입시 성적 좋기로 유명한 낙생고와 보평중, 판교중, 낙원중, 백현중 등 학부모들이 선호하는 좋은 학교들이 다수 자리하고 있다.

판교는 크게 경부고속도로를 중심으로 동판교와 서판교로 나누는데, 이 두 동네의 분위기는 사뭇 다르다.

집값은 판교역·테크노밸리와 가까운 백현동이 운중동보다 시세가 높다. 백현동에서도 판교역이 제일 가까운 '판교푸르지오그랑블'의 경우 집값이 평당 6,790만 원(2022년 7월 기준)으로 서울 송파구의 웬만한 아파트에 뒤지지 않는 가격이다.

동판교가 역세권이고 백화점, 알파돔 등 쇼핑 문화 인프라가 발달해 편리한 반면, 서판교는 고급 타운하우스가 자리하고 자연환경이 좋아 쾌적한 주거환경을 자랑한다. 서판교 고급 주택가 '남서울파크힐'은 재벌 총수 일가와 대기업 고위임원 등이 거주해 유명세를 타기도 했다.

판교는 자연환경도 뛰어나다. 박정희 전 대통령이 성남 순시 때 판교를 보고 빼어난 입지 여건에 반해 1976년 그린벨트로 지정해 개발을 금지했다고 한다. 산세가 좋고 풍수도 좋은데, 너른 평지 주위를 얕은 산들이 안고 있다.

2015~2016년, 판교 아파트 시세가 떨어진 적이 있었다. 그 즈음 최○○ 님이 서판교에 4억 5천만 원짜리 아파트를 사려고 하는데 좋은 선택인지 문의를 해왔다. 처음엔 가격이 낮아 믿지 않았다. 재차 물으니 실제 그 가격이었고, 무조건 사시라고 조언했다. 두 달 만에 1억 원이 올랐고 지금은 시세가 10억 원이 훌쩍 넘는다. 우리가 입지와 호재, 시세를 늘 공부해야 하는 이유는 가치를 제대로 알아야 시세가 하락할 때 좋은 부동산을 과감히 살 수 있고 미래가치가 높은 부동산을 하락장에서 팔지 않을 수 있기 때문이다.

판교의 대장주들

분당구의 시세를 이끌어가는 대장주들은 판교역 가까이 위치한 백현동과 삼평동에 모여 있다. 판교의 대장주 판교푸르지오그랑블은 보평초·중·고를 모두 끼고 있고 현대백화점을 바로 앞에 두고 있다. 전용 97m^2가 24억 2천만 원(2021년 7월)에 거래되었다.

백현마을(휴먼시아2단지)은 보평고등학교를 품고 있고, 전용 84m^2가 20억 5천만 원(2021년 11월)에 팔렸다. 보평초등학교를 품고 있는 삼평동의 봇들마을8단지는 전용 84m^2가 16억 7,800만 원(2020년 7월)에 매매되었다. 판교신도시에서 학부모들의 마음을 사로잡은 초등학교는 혁신학교인 보평초등학교이다. 보평초등학교와의 거리나 배정에 따라 집값에 차이가 꽤 난다. 보평초교에 배정받을 수 있는 단지는 7, 8, 9단지로 1, 2, 4단지에 비해 시세가 1~2억 원 정도 비싸게 형성되어 있다.

판교역 주변 아파트들이 강세인 이유 중 하나는 경강선과 신분당선 환승역인 판교역이 도보 거리에 있어 지하철을 이용해 강남, 양재 등 강남 주요 도심으로 이동이 편리하다는 점이다. 인근 버스 정류장에서 직행버스를 이용하면 광화문, 서울역, 종로 등 서울 강북권 주요 업무 지구도 환승 없이 갈 수 있다. 월판선이 개통되고, GTX 성남역이 들어서면 대중교통은 더욱 좋아질 것이다.

남판교 대장지구

판교 남쪽으로 새로운 주거단지가 탄생했는데, 바로 대장지구이다. 2021년 대장동 개발사업 의혹으로 한창 시끄러워 전국적으로 유명해진 곳이기도 하다. '남판교'라고 불릴 정도로 판교와 가까워 주목받고 있는데, 특히 서판교터널이 개통되면서 판교생활권으로 여겨지게 되었다. 서판교터널을 이용해 서판교까지 5분대, 판교테크노밸리까지는 10분이면 갈 수 있게 된 것이다.

총 15개 블록으로 나눠 개발한 도시개발사업으로 단독주택, 공동주택을 포함해 총 5,903가구가 거주하는 대단한 규모의 주거타운이다. 민간택지지구로 개발되어 분양가상한제가 적용되지 않았기 때문에 고급 아파트들이 많이 들어섰다.

2021년 판교퍼스트힐푸르지오 1, 2단지 입주를 시작으로 판교더샵포레스트 11, 12단지, 힐스테이트판교엘포레가 잇따라 입주했다. 대장주 힐스테이트판교엘포레는 2021년 6월 준공하였고, 전용면적 128~162m^2의 대형 평수만 이루어져 있다. 아직 입주한 지 1~2년밖에 안 된 신축 아파들이라 매매 물량은 아직 없다.

남쪽의 고기로를 이용하면 분당신도시로 10분이면 갈 수 있고 용인~서울 고속도로의 서분당IC를 타고 강남으로 가기도 편리하다. 분당수서고속도로와 경부고속도로도 가까운 편이다. 지하철이 가까이 없어 대중교통이 불편한 점이 아쉽긴 하다.

재건축, 리모델링으로 재도약!

분당

천당 밑에 분당

분당은 강남의 자식이라고 했다. 강남 부자들의 자녀들이 많이 살고 있기도 하고 학군도 잘 형성되어 있는 데다 교통도 편리하고 쾌적해서 강남의 대체지역으로 손꼽히기 때문이다. 실제로 강남과 가깝기도 하다. 그래서 어느 순간부터는 가격이 잘 안 떨어지는 안정적인 곳이 되었다.

천당 밑에 분당이라는 말이 괜히 나온 게 아니다. 일단 허허벌판에 개발한 계획된 신도시라 부족함 없는 인프라를 갖추고 있다. 면적 대비 학교가 가장 많은 지역으로 성남외고, 서현고, 분당중앙고 등 입시성적이 좋은 고등학교가 다수 자리하고 있고 수내중, 내정중 등 중학교 학군도 좋은 편이다. 학원가는 정자동, 서현동에 집중적으로 형성되어 있다.

근방이 산으로 둘러싸여 있는 데다 공원이 많고 자전거도로와 수변공원을 갖춘 탄천이 흘러 자연환경이 매우 훌륭하다. 주거지역과 상업지역과 골고루 분포되어 있는데, 분당선을 따라 대형마트 등 상권이 형성되어 있다.

교통도 훌륭하다. 경부고속도로 진입이 수월하며 강남과 서울 쪽 접근이 용이하다. 지하철 신분당선과 수인분당선이 분당을 관통하고 있으며 이매역과 판교역 사이 경강선 성남역에 GTX-A노선이 정차할 예정이다. 이렇게 여러 가지 이유로 분당 주민들의 거주 만족도는 매우 높은 편이다.

사실 판교신도시는 분당구에 속해 있지만 특성이 다르기도 하여 이 책에서는 편의상 앞에서 판교를 따로 설명하였다.

1기 신도시의 재건축 시대가 온다

백만 명 가까이 살고 있는 1기 신도시가 요즘 화제다. 1기 신도시 재건축 특별법을 제정하여 규제를 완화할 거라는 기대감 때문이다.

수도권 1기 신도시는 1989년 발표 이후 1992년 말까지 순차적으

분당

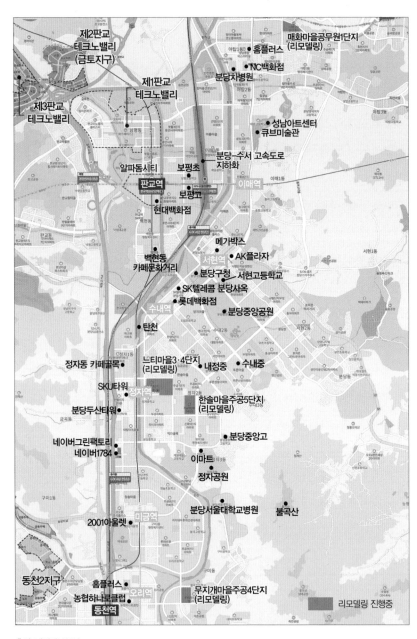

제2판교
테크노밸리
(금토지구)

제1판교
테크노밸리

제3판교
테크노밸리

매화마을공무원1단지
(리모델링)

홈플러스

NC백화점

분당차병원

성남아트센터
큐브미술관

알파돔시티

보평초

분당–수서 고속도로
지하화

이매역

판교역

보평고

현대백화점

메가박스

AK플라자

백현동
카페문화거리

서현역

분당구청   서현고등학교

SK텔레콤 분당사옥

수내역

롯데백화점

분당중앙공원

탄천

정자동 카페골목

느티마을3·4단지
(리모델링)

내정중   수내중

SKU타워

정자역

분당두산타워

한솔마을주공5단지
(리모델링)

네이버그린팩토리
네이버1784

분당중앙고

이마트

정자공원

미금역

분당서울대학교병원

불곡산

2001아울렛

동천2지구

홈플러스
농협하나로클럽

오리역

동천역

무지개마을주공4단지
(리모델링)

리모델링 진행중

출처: 네이버부동산

로 건설됐다. 고양 일산, 성남 분당, 부천 중동, 안양 평촌, 군포 산본에 432개 단지, 29만 2천 가구가 들어섰는데, 이제 슬슬 재건축 기준인 30년 연한을 채우는 시기가 도래해 최근 수도권 1기 신도시의 재건축 이슈가 뜨겁다. 규모도 엄청나고 재건축을 간절히 바라는 주민들의 열망도 대단해 새 정부가 과연 재건축 규제를 어느 정도로 풀어줄지는 초미의 관심사이다. 최근 정부가 1기 신도시 재건축을 위한 마스터플랜을 2024년으로 미루자 실망의 목소리들이 나오고 있지만, 1기 신도시 재건축은 언젠가는 다가올 미래이다.

분당신도시는 1기 신도시 5개 중에 가장 좋은 입지로 높은 시세를 형성하고 있다. 재건축으로 분당이 가장 주목받는 이유는, 판교와 붙어 있기 때문이다. 판교의 아파트 시세가 잠실과 견줄 정도로 고공행진을 했으니 분당이 재건축이 되면 판교와 키맞추기를 할 것이라는 예상이 분당신도시 재건축 열기를 더욱 달구고 있다.

1기 신도시의 평균 용적률은 분당 184%, 일산 169%, 평촌 204%, 산본 205%, 중동 226%로 분당과 일산을 제외하면 200%가 넘는다. 기존 아파트가 용적률이 낮을수록 대지지분이 크다는 의미이므로 재건축 시 일반분양이 많아지게 되어 사업성이 좋아지게 된다. 그래서 재건축에 있어 용적률은 아주 중요하다.

재건축과 리모델링의 차이

주택 노후에 따라 상·하수도관 부식, 층간소음, 주차난 등으로 주민

불편과 불만도 컸던 터라 최소 10년 이상을 기다려야 하고 30년 연한을 넘겨야 하는 재건축은 포기하고 리모델링을 선택한 아파트들도 있다.

리모델링 케이스는 매우 드물다. 그래서 여러 단지가 리모델링을 추진 중인 분당은 리모델링의 대표 지역이 될 가능성이 높다.

리모델링은 준공한 지 15년만 지나면 바로 조합을 설립한 후 안전진단에 착수할 수 있어서 재건축보다 훨씬 쉽고 빨리 진행할 수 있다. 용적률의 제한이 거의 없고, 안전진단도 수직 증축은 B등급, 수평 증축은 C등급 이하를 받으면 가능하니 문턱이 훨씬 낮다. 초과이익환수, 기부채납, 임대주택 건립 등의 규제로부터도 자유로운데, 여기까지 보면 리모델링이 정말 좋구나 싶다.

한편 리모델링이 가진 기본적인 한계가 몇 가지 있다. 건물을 지탱하는 벽, 즉 내력벽을 유지한 채 수직 또는 수평으로 건물을 증축해야 해서 요즘 유행하는 구조나 설계는 반영하기는 어렵다. 내력벽을 철거할 수 있도록 허가되는 방향으로 바뀐다면, 리모델링은 또다른 국면을 맞이할 것이다.

리모델링 후 평수는 늘어날 수 있지만, 일반분양 물량을 늘리는데는 한계가 있다. 리모델링 완료가 되어 새 아파트가 되어도 기존에 살던 동, 호수를 거의 그대로 가져가게 된다는 점도 미리 알아야 하는 부분이다.

분당의 리모델링 열풍

1기 신도시는 아파트 리모델링 열망이 강하다. 그중에서도 구체적인 리모델링 움직임은 분당이 가장 빨랐다. 재건축은 10년, 20년까지 바라봐야 되기 때문에 기나 긴 기다림이 필요하다. 구축이라는 점 빼고는 입지조건은 어느 한 군데 빠지지 않는 분당으로서는 하루빨리 새 아파트로 탈바꿈하고 싶은 바람이 컸을 것이다.

가장 대표적인 분당구의 리모델링 추진 단지는 정자동의 한솔마을5단지(1,156세대, 1994년 1월 25일 준공)이다. 1기 신도시 최초로 2021년 3월 사업계획을 승인받았고 안전성 문제 등으로 후임 조합장이 수평증축으로 계획을 바꾸었다.

2021년 4월에는 분당 무지개마을주공4단지(1995년 11월 준공)가 사업계획승인을 받았다. 무지개마을주공4단지는 수평 및 별동 증축 방식으로 리모델링이 이뤄진다. 기존 5개 동에서 7개 동으로 2개 동이 늘어나고 가구 수는 563가구에서 747가구로 184가구가 증가할 예정이다. 연면적은 46,506m^2에서 96,408m^2로 늘고 용적률은 172.23%에서 268.89%로 높아진다.

2022년 4월 분당 정자동 소재 느티마을 3·4단지가 1기 신도시 세 번째 리모델링 아파트 단지로 승인됐다. 느티마을 3·4단지는 1995년 7월 준공돼 28개 동, 1,776가구로 구성돼 있으며 수평 및 별동 증축 방식으로 리모델링이 이뤄진다.

3단지의 경우 동 수는 12개로 전과 동일하지만 가구 수는 770가구에서 873가구로 늘어난다. 건축 연면적은 76,083m^2에서 163,991m^2

로 증가한다. 지하 1개 층인 주차장은 지하 3개 층으로 늘어나 주차 대수도 484대에서 1,501대로 확대되고 작은 도서관과 운동시설 등 각종 주민 편의시설이 새로 들어서게 된다.

4단지의 경우는 동 개수가 기존 16개에서 1개 늘어나 17개 동이 되고 가구 수는 1,006가구에서 1,149가구로 143가구(14.21%)가 늘어난다. 건축 연면적은 94,506㎡에서 218,383㎡로 증가하며 지하 1개 층인 주차장이 지하 4개 층으로 확대돼 총 주차 대수는 601대에서 1,966대로 확대된다.

야탑동 매화마을1단지 리모델링 조감도

출처: 성남시

야탑동에 있는 건축한 지 27년 된 매화마을1단지가 1기 신도시 다섯 번째 리모델링 아파트 단지로 승인됐다. 2023년 3월 착공하여 2025년 하반기 완공 예정이다. 매화마을1단지는 1기 신도시에 리모델링이 승인된 다섯 번째 아파트 단지다. 매화마을1단지는 수평 별동 증축방식으로 리모델링이 이뤄진다. 동은 기존 6개 동에서 7개 동으로 1개 동이 늘어나고, 가구는 기존 562가구에서 638가구로 76가구가 늘어난다. 연면적은 $49,355m^2$에서 $98,244m^2$로 늘어나며 용적률은 166%에서 254%로 상향된다. 주차 대수도 417대에서 788대로 늘어난다.

어느 아파트든 처음으로 리모델링을 완성하면 분당에 없던 새 아파트가 첫 번째로 생기는 것이다. 분당이 다시 신도시가 될 것임을 알리는 신호탄이 될 것이다.

늘어나는 일자리

정자동은 한때 분당 시세가 하락할 때도 유일하게 가격을 유지한 동네이다. 그 이유는 바로 일자리이다. 정자동에는 대기업 사옥들이 자리하고 있다. 2022년에는 정자동 네이버 본사(그린팩토리) 옆에 네이버 제2사옥 '1784'가 완공되었다. 지하 8층~지상 28층(제1사옥 그린팩토리의 1.6배), 연면적 $165,000m^2$ 규모로 지어졌다. 1784는 네이버의 업무 공간인 동시에 로봇·자율주행·AI·클라우드 등 네이버가 연구·축적한 모든 선행 기술의 융합을 실험하는 기술 테스트장이다.

정자동 178-4번지라는 주소에서 착안했던 프로젝트명을 그대로 건물명으로 삼은 것이 재미있다.

네이버 외에도 분당두산타워, SK하이닉스 사옥인 SK U타워 등이 정자동에 자리하고 있다. 현대중공업그룹 글로벌R&D센터(GRC)도 정자동에 들어서는데, 총면적 약 175,800m^2(약 5만 3천 평) 크기로 조성된다. 지하 5층, 지상 20층 규모로 2019년 착공해 2022년 말 완공 예정이다. 현대중공업그룹은 GRC에 5천여 명의 R&D 인력을 상주시켜 첨단기술 개발 시너지를 극대화할 것이라고 한다. 이렇게 분당 신도시에 점점 일자리가 늘어나고 있다. 분당이 앞으로도 기대되는 이유이다.

2017년에 인도에서 거주하는 고객으로부터 전화가 왔다. 분당 이매동의 47평 아파트를 팔려고 내놓은 지 오래됐는데 그동안 내내 안 팔렸다고 한다. 그런데 갑자기 9억 원에 산다는 사람이 나타나 팔아야 할지 고민이 돼서 연락을 한 것이다.

이렇게 갑자기 매수자가 달려드는 경우는 십중팔구 호재 때문이다. 당시 이매동은 분당-수서 도시고속화도로를 지하화해서 공원화한다는 호재로 들썩이고 있었다. 도로에서 발생하는 소음을 줄이고자 성남시 분당구 구간을 터널화하고 상부에 공원을 조성하는 사업으로 2023년 6월 완공 예정이다. 고속도로 주변 아파트는 소음 때문에 다른 곳보다 가격이 싸게 마련이다. 그런데 고속도로가 지하화된다면 소음이 없어지므로 가격이 쌀 이유가 없어진다. 이 같은 호재로 이매동아파트의 시세상승이 시작되려고 할 때 딱 매수자가 나타난 것이다. 나는 앞으로 더 오를 것이고 차후에는 재건축으로 가격이 대폭 오를 테니 팔지 마시라고 조언해드렸다.

그런데 일주일 후에 9억 5천만 원을 부르는 사람이 나타나 또 전화가 왔다. 다시 팔면 나중에 후회한다고 재차 만류했고 이후 한 달만에 호가는 2억이 더 올랐다. 그분은 현재까지 그 아파트를 보유하고 있는데, 지금 시세는 18억~19억 원 정도이다.

고속화도로와 탄천 사이에 가로막혀 있던 이매동 아름마을 단지들도 도시고속화도로 지하화로 큰 수혜를 보았다. 아름6단지선경 아파트는 전용 $83m^2$가 2022년 7월 16억 3,500만 원에 거래되었다.

분당–수선 도시고속화도로 지하화

굿모닝파크(분당–수서도시고속화도로 공원화 사업) 조감도

이매동은 판교 옆에 붙어 있는 동네이다. 분당선 이매역과 신분당선 판교역이 경강선으로 연결되어 있다. 이 고속화도로 지하화 호재 외에도 GTX-A 노선과 경강선이 지나는 성남역도 들어설 예정이라 이매동의 인기는 높은 편이다. GTX-A가 개통되면 성남역에서 삼성역으로 7분, 시청까지는 13분 만에 도착할 수 있다.

분당과 판교신도시의 관계

처음 판교신도시가 생겼을 때 분당 시세가 하락할 거라고 예상한 사람들이 아파트를 매도해 한때 분당의 시세가 진짜 떨어진 적이 있었다. 새 아파트 들어서면 헌 아파트가 떨어진다고 생각하지만 현실은 그렇지 않다. 판교가 오르면 분당도 덩달아 오르기 때문에 깊이 하락하면 빨리 사면 된다.

이제는 분당신도시가 재건축되면 판교가 내려갈 거라는 전망을 내놓는 사람들이 있다. 같은 호재인데 전혀 다르게 바라보는 것이다. 분당신도시가 재건축이 되면 당연히 분당은 새로운 국면을 맞아 시세가 상승할 것이다. 그러면 판교도 영향을 받아 상승하게 마련이다.

소위 '친구 따라 강남 간다' 원리이다. 세종신도시와 대전도 마찬가지이다. 대전이 많이 오르면 세종신도시도 오른다. 그래서 세종신도시가 오르면 또 대전이 오른다. 앞서거니 뒤서거니 하며 같이 오르는 것이다. 다만 세종신도시의 경우 주변에 아파트가 들어설 수 있는 땅이 여전히 많기 때문에 수급량으로 인한 가격 조정이 있을 수 있다.

가장 살기 좋은 도시 1위

과천

규모는 작지만 강남 못지않은 도시

과천은 인구가 7만 8천 명 정도밖에 안 되고 면적(35.9㎢)도 작지만 전국에서 가장 살기 좋은 곳으로 손꼽히는 곳이다. 과천이 급속도로 성장한 원동력은 1982년 설립된 정부과천청사였다. 국토교통부, 기획재정부, 고용노동부 등 주요 부처의 장관과 고위직 공무원들이 많이 거주해 과천을 공무원 도시라고들 부르곤 했다. 2010년부터 행정부의 기능이 대부분 세종시로 빠져나가기 시작하면서 한때 과천의 부동산 시세가 흔들리기도 했다. 2006년에는 3,694만 원이었던 평당 시세가 정부과천청사를 세종시로 이전한다는 발표 이후 2012년에는 2천만 원 초반대로 곤두박질쳤다.

최근에는 과천에 여러 호재들이 쏟아져 그 어느 때보다 주목받고 있다. 개발 중인 곳만 크게 네 지구인데 과천 도심은 주공아파트들이 전부 재건축을 통해 새 아파트로 탈바꿈하고 있고, 도심 아래로 과천 지식정보타운에는 내로라하는 기업들이 줄줄이 입주 소식을 알리고 있다. 도심 위로는 과천 3기 신도시 사업이 진행 중이다. 또 그 위로 는 과천 주암지구가 있다. 주암지구는 서초구와 맞닿아 있으니 과천 은 강남부터 아래로는 과천지식정보타운까지 주욱 길게 확장되어가 고 있는 셈이다. 이 대규모 택지개발들로 과천의 인구는 7만여 명에 서 13만~14만 명으로 늘어날 것으로 예상된다.

과천이 요즘 화제를 모은 이유 중 하나는 '로또분양' 때문이다. 특 히 2020년에 시작된 과천지식정보타운의 아파트분양은 과천푸르지 오어울림라비엔오, 과천르센토데시앙, 과천푸르지오오르투스 등이 주변 시세의 절반인 평당 2,300만 원~2,400만 원에 분양되어 엄청난 청약 경쟁률을 기록했다.

과천 하면 녹지, 쾌적함, 경마장, 서울대공원을 떠올리게 되는데, 그린벨트로 묶인 면적이 정말 넓긴 넓다. 과천의 그린벨트 비율은 자 그마치 83%이다. 도시를 관악산, 우면산, 청계산이 둘러싸고 있고 공 원이 많아 공기부터 다르다. 이런 쾌적한 자연환경을 이유로 과천으 로 이주하는 사람들도 적지 않다. 종합병원이나 특급호텔, 상권 등은

과천 개발 지역

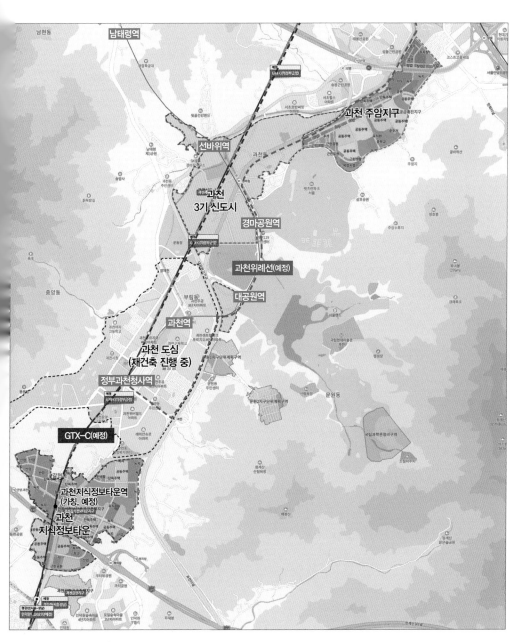

출처: 네이버부동산

좀 아쉽지만 유해시설이 없어 아이들을 키우는 환경으로는 과천만한 곳도 없을 것이다. 살기 좋은 도시 1위답게 문원초, 문원중, 과천중앙고, 과천외고 등 학부모들 선호 학교가 다수 자리하고 있다.

과천의 위치를 보면, 북쪽으로는 서초구, 동쪽으로는 청계산, 남쪽으로는 안양 인덕원, 서쪽으로는 관악산을 두고 있다. 지하철 4호선을 타면 사당으로 10분이면 도착할 수 있고, 서초구가 가까워 웬만한 서울의 다른 지역보다 강남 접근성이 좋다. 과천을 '준강남'이라 부르는 이유이다.

과천의 정부청사는 법무부를 제외하고 세종시로 옮겨갔고 방송통신위원회 등이 이전해 와 공무원 4,700명이 근무하고 있으며 과천지식정보타운으로 미래산업을 선도하는 기업들이 입주할 예정이라 고급 일자리가 대폭 늘어날 예정이다.

이렇게 과천은 동시다발적으로 새 아파트 단지, 고급일자리가 대폭 늘어나고 있다. 집값도 전국에서 손에 꼽는 수준까지 올랐는데, 2022년 상반기 기준 강남구, 서초구에 이어 전국 시군구 중 3번째다. 전용 84m^2 신축 아파트 시세는 20억 원을 훌쩍 넘어버렸다. 행정구역만 경기일 뿐 그냥 서울이라고 봐도 되는 도시이다.

과천의 교통호재

택지개발로 과천시의 인구가 대폭 늘어나는 만큼, 교통망도 구축해야 하므로 여러 가지 교통, 인프라 개발도 이어질 것이다. 3기 신도시

과천신도시 광역교통계획

가. GTX-C 과천청사역 환승역사 신설
나. 위례과천선(복정역~정부과천청사역)
다. 안양~사당 BRT
라. 과천지구 환승시설

❶ 청계산지하차도~염곡IC 도로구조개선
❷ 과천~우면산간 도시고속화도로 지하화
　(경마장대로 횡단구간)
❸ 과천대로~헌릉로 연결도로(지구 외 구간)
❹ 이수~과천 간 복합터널
❺ 상아벌지하차도 확장 및 통합
(세부노선 및 위치는 향후 기본계획, 설계 등
과정에서 확정 예정)

과천공공주택지구 조성에 따라 GTX-C노선, 과천~이수간복합터널, 과천위례선 개통이 추진 중이다. 특히 정부과천청사역은 4호선, GTX-C노선 그리고 위례과천선의 3개 노선이 교차하는 교통 요충지가 될 예정이다.

정부과천청사역에 신설되는 GTX-C 노선은 경기도 양주 덕정과 수원을 연결한다. 수도권을 남북으로 관통하며 의정부와 서울 청량리·삼성·양재역·과천 등을 거쳐간다. 2026년 개통되면 과천에서 삼성역까지 7분 만에 갈 수 있게 된다.

위례과천선은 위례신도시 8호선과 분당선 복정역, 과천 정부과천청사역을 연결하는 노선이다. 이 철도는 세곡지구와 수서역을 거쳐 구룡역, 양재시민의 숲, 과천 주암지구 등을 지난다. 서울 사당역과 안양을 연결하는 간선급행버스체계(BRT) 설치도 계획 중이다.

이외에도 여러 도로망 확충이 계획되어 있다. 강남과 가깝지만 출퇴근 시간에 정체가 심하기로 유명하기 때문이다. 과천대로와 헌릉로를 잇는 '과천대로~헌릉로 연결도로'를 신설하고, 우면산으로 연결되는 '과천~우면산간 도시고속화도로'를 지하화할 계획이다. 또한 지하철 4호선 선바위역에 광역버스 복합환승센터가 지어질 예정이다.

과천 도심 재건축 단지

과천은 과천지식정보타운, 3기 신도시 등 택지개발도 활발하지만 구도심의 재건축이 대대적으로 진행되어 새로운 국면을 맞이하는 중

과천 도심 재건축 단지

출처: 네이버부동산

이다. 과천 전역에 걸쳐 오래된 아파트가 새 아파트로 바뀌거나 새 아파트가 새로 들어서고 있는 것이다. 구도심은 1980년대 입주했던 13개 단지가 차례차례 재건축으로 탈바꿈하고 있다. 1기, 2기에 걸쳐서 8개 아파트가 재건축되었고 현재 재건축 진행 중인 아파트는 총 5개이다.

과천주공8·9단지 재건축 조감도

출처: 현대건설

　래미안에코펠리스(2007년 입주), 래미안슈르 3단지(2008년 입주)가 가장 먼저 재건축되었다. 래미안슈르(2008년 입주, 2,899가구)는 뒤로는 청계산이 보이고 앞으로는 정부청사를 두고 있다. 2022년 시세를 살펴보면 전용 $84m^2$가 14억 5천만 원~16억 원에 거래되고 있다.

　주공1단지는 과천 푸르지오써밋(2020년 4월 입주, 1,571세대)으로 탈바꿈되었다. 과천중앙공원과 가깝고 과천역이 단지 바로 앞에 위치한다. 최신 아파트인 만큼 수영장, 키즈카페, 스터디룸 등을 갖추고 있다. 전용 $59.93m^2$이 17억 4천만 원(2021년 11월)에 거래되었다.

　래미안에코펠리스는 관악산에서 내려오는 천이 단지를 가로지르고 있다. 전용 $84.94m^2$가 19억 5천만 원(2021년 11월)에 실거래되었다.

　센트럴파크 푸르지오써밋은 2020년 12월에 입주하였다. 과천역 3번 출구 바로 앞의 초역세권이라 대장주로 꼽힌다. 전용 $84m^2$가 20억 8천만 원(2022년 04월)에 거래되었다.

4, 5, 8, 9 10단지가 현재 재건축 진행 중인데 8·9단지는 통합 재건축을 추진 중이다. 과천 3기 재건축의 마지막 퍼즐로 불리는 과천주공8·9단지는 2,120가구로 대단지다. 재건축으로 지하 3층~지상 35층, 25개 동에 2,837가구가 들어설 예정이다. 현대건설은 과천주공 8·9단지 재건축에 과천 지역에서는 처음으로 프리미엄 주거 브랜드 '디에이치(THE H)'를 적용하였다.

과천지식정보타운

일자리와 주거지가 함께 들어서는 과천지식정보타운은 굵직한 미래산업 관련 기업들이 입주 소식을 알리면서 뜨거운 분양 청약률를 보이고 있다. 신사옥을 짓고 이전한 펄어비스를 필두로 넷마블 등의 대형 게임사가 속속 입주할 예정이다. JW그룹을 비롯해 안국약품, 경동제약, 일성신약 등 여러 제약기업들도 이전을 발표했고 코오롱글로벌, KOTITI 시험연구원, 비상교육 등 116개 우수기업과 2개 대학 산학협력단 및 다양한 기업체들이 자리를 잡을 예정이다. 입주민과 기업 임직원 등을 감안하면 유동인구는 3만 명이 넘을 것으로 추정하고 있다.

대규모 주거시설과 함께 도시 기반시설 등도 건설될 예정이다. 총 8,500가구가 들어설 것이다. 과천지식정보타운은 이렇게 고급 일자리와 신축 아파트가 계속 늘어날 것이라는 소식이 알려지며 주거시설과 업무시설 모두 관심을 받고 있다.

과천지식정보타운

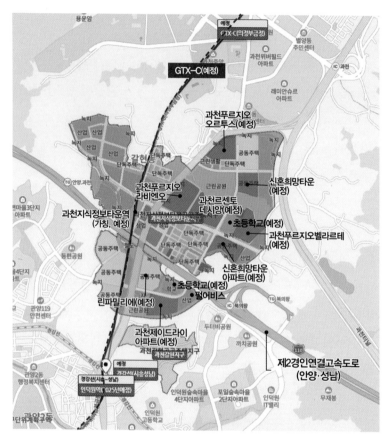

출처: 네이버부동산

2021년 과천지식정보타운 린파밀리에의 1순위 청약접수에 3만 7,352명이 몰렸고 평균 718대 1의 경쟁률을 기록하며 완판되었다. 지난 2020년 동시분양으로 진행된 과천푸르지오오르투스, 과천푸르지오라비엔오, 과천르센토데시앙 3개 단지도 1순위 청약에 무려 48만여 명이 몰렸다.

교통여건도 좋아지고 있다. 지하철 4호선 과천지식정보타운역(가칭, 2025년 개통 예정)이 생길 예정이라 머지 않아 역세권이 될 예정이다. 제2경인고속도로, 47번 국도, 과천~봉담간 고속도로 등이 가까워 편리하며, 1정거장 거리에 있는 지하철 4호선 정부과천청사역에 GTX-C노선이 신설될 계획이라 삼성역과 왕십리로 10분~20분이면 갈 수 있게 된다.

과천 3기 신도시

과천시 과천·주암·막계동 일대 1,686,888㎡에 9천여 가구가 들어서는 과천 3기 신도시는 개발이 완료되면 입주민과 유동인구가 5만여 명이 넘어설 것으로 예상된다. 2024년 본청약 후 2026년 입주를 목표로 사업이 추진되고 있다.

4호선 선바위역과 경마공원역 사이라 전철역 2군데를 끼고 있어 대중교통이 좋은 편인데, 3기 신도시 중심으로 신설 예정 도로가 많아 더욱 교통망은 더욱 개선될 것이다.

과천 주암지구

총 6천 가구가 공급되는 과천 주암지구는 과천 가장 위에 자리한 주암동과 과천동 일원에 조성되는 공공주택지구이다. 강남과 양재 등 서울 중심 업무지구와 가까워 과천시와 서초구를 이어주는 자리에 있다.

행복주택 386가구, 공공지원 민간임대주택 5,249가구, 단독주택 66가구 등이 입주하고, 네덜란드의 알스미어 유통센터와 같은 현대식 화훼유통센터도 건립된다.

2021년 말 사전청약에서 과천주암은 전용 84㎡ 94가구 모집에 2,742명이 몰려 과천시 100% 공급임에도 29.2대 1의 경쟁률을 보였다. 분양가는 전용 55㎡는 5억 8700만~5억 9,900만 원, 전용 46㎡는 4억 9,300만~5억 300만 원으로 각각 책정됐는데 과천 중앙동의 같은 면적 신축 아파트 실거래가가 20억 원을 웃도는 것을 고려하면 반값도 안 되는 수준이다.

경부고속도로와 강남순환고속도로, 양재도로, 과천~봉담 간 도시고속화도로 등 다양한 교통망을 갖추고 있지만 주변에 지하철역이 없다는 것은 단점으로 꼽힌다. 과천 주암지구에서 지하철역을 이용하기 위해서는 10분 정도 버스를 타고 4호선 과천정부청사역까지 가야 한다. 과천시는 위례과천선 주암역 신설을 요청하고 있고, 서초구는 주암역 대신 선암IC역 신설을 요구하고 있는 상황이라 결과가 어떻게 될지는 아직 알 수가 없다. 위례과천선이 추후 개통된다면 강남권과 바로 이어지는 노선이 생겨 수혜를 직접적으로 받게 될 것이다.

경제적 자유를 얻는 그날까지

'돈을 왜 벌고 싶은가?'라고 물으면 대부분의 사람들은 경제적 자유를 얻고 싶어서라고 말한다.

누구보다도 경제적 자유를 얻고 싶었던 미남의 초등학교 선생님, 조○○ 님의 사례를 보자. 조○○ 님은 강남의 초등교사로 재직 중이었는데 강남 학부형들의 치맛바람이 어찌나 드센지 힘들어 했다. 남들은 부러워하는 안정적인 직업이었지만 본인의 적성에는 맞지 않았던 것이다.

가진 투자금은 많지 않았지만, 강남 실정을 잘 아는 조○○ 님은 서울, 그중에서도 강남에 집을 사고 싶었다. 2016년 어느 날 유튜브 방송을 보고 나를 찾아온 그는 그동안 열심히 저축한 돈과 동생한테 빌린 돈을 합치면 1억 원은 마련할 수 있는데 투자할 데가 있겠냐며 물었다. 그래서 미래가치가 높고 학군도 좋은 방배14구역의 재건축 빌라를 물색했다. 당시에는 단독주택이나 다세대주택의 재건축 사업

자체가 생소하고 조합의 사업진행이 원활하지 못해 시간만 흐르고 가격이 들쑥날쑥했다. 때마침 역세권 근처라 전세가 잘 나가는 비교적 깨끗한 빌라가 매물로 나와서 얼른 구입하라고 권했다. 매매 가격이 3억 5천만 원이고 전세 가격이 2억 5천만 원이라 실투자금 1억 원만 있으면 매입할 수 있어 조○○ 님에게는 안성맞춤인 물건이었다.

나중에 들은 얘기지만 그때만 해도 실투자금 1억 원으로 매입하면 입주 시 3~4억 원 정도는 벌 수 있다는 말에 솔깃해하면서도 내심 믿기지 않았다고 한다.

그런데 구입한 지 얼마 지나지 않아 기약이 없었던 조합설립인가가 나자 본격적으로 금액이 오르기 시작했다. 게다가 재건축초과이익환수제를 피하기 위해 서둘렀던 관리처분인계획인가가 1년 6개월 만에 발표가 나자 프리미엄만 5억 원이 되었다. 이 소식을 듣고 조○○ 님은 깜짝 놀랐다. 그로부터 1년이 지나자 프리미엄은 7억 원이 되었고 급기야 2020년에는 프리미엄이 10억 원을 훌쩍 넘겨버렸다.

조○○ 님은 물론이고 비슷한 시기에 실투자금 1억 원 이하로 방배14구역을 매입한 고객들은 무리해서라도 입주하고 싶은 마음이었지만 대부분 현실적으로는 어려웠다. 입주하려면 추가분담금을 6억 원 이상 내야 해서 부담감이 너무나 컸던 것이다. 우리는 서로 고심한 끝에 예상한 것보다 부동산 가격도 많이 올랐으니 이쯤에서 1주택 양도세 비과세 혜택을 보고 다른 부동산으로 갈아타는 게 훨씬 이익이라는 결론을 내렸다. 방배동 빌라를 매도한 자금으로 4년 전의 방배14구역처럼 저평가된 재건축지역을 찾아내어 또 다시 10억 원 이상의 시세 차익을 보면 20억 이상의 현금을 거머쥘 수 있게 되고, 그때는 방배동의 마음에 드는 아파트를 골라 살 수 있는 여건이 된다. 이렇게 계획을 세우고 열심히 발로 뛰며 좋은 매물을 찾아다녔다. 그러다 발견한 곳이 바로 재건축 지역인 미아9-2구역의 단독주택이다. 역세권이면서 재건축을 통해 2,244세대 대단지 아파트로 탈바꿈될 구역이었다. 무엇보다 아파트 25평과 34평, 2채를 받을 수 있는 1+1 물건이었다. 주변 아파트 시세 대비 시세차익 10억 원 이상을 볼 수 있는 물건이 나타난 것이다.

원래는 기존 주택을 먼저 팔고 새로운 주택을 사는 게 순서이지만 워낙 저평가된 물건이라 순식간에 거래될 확률이 높았기 때문에 잔금 지급기일을 넉넉히 잡아 매수계약을 먼저 하고 방배14구역을 매도하기로 결정했다.

방배14구역 물건은 매수 대기자들이 있었기 때문에 걱정할 시간도 없이 일사천리로 매도할 수 있었다. 3억 5천만 원에 매수한 물건을 4년 후 14억 원에 매도하게 된 것이다. 그날 조○○ 님은 "정말 이런 날이 오게될 줄은 꿈에도 몰랐어요."라며 한동안 멍하니 서 있었다. 20년 동안 한 푼도 쓰지 않고 모아도 못 모을 돈을 손에 쥔 조○○ 님은 여유로운 마음이 생기자 그길로 남들이 부러워하는 교사직을 그만두고 자신의 적성에 맞는 직업으로 전업하였다. 부동산도 성공적으로 갈아타고 하고 싶던 일을 찾아 하고 있는 그는 행복한 나날을 보내고 있는 중이다.

참고로 조○○ 님은 미아9-2구역 단독주택을 방배14구역을 매도

하기 전에 취득하여 일시적 2주택자가 되었지만 1년 이내 종전 주택인 방배14구역을 팔아 취득세가 중과되지 않았고 9억 원 초과 해당 세율인 3.3%를 적용받았다. 양도세 또한 일시적 2주택자여서 9억 원까지 비과세를 받았다. 매도 시기는 2021년이었다. 투자뿐만 아니라 절세에도 성공한 경우이다.

조○○ 님은 미아9-2구역의 단독주택을 매입하고도 돈이 남아서 지금은 1년 이내에 짧게 투자 수익을 볼 수 있는 공장 투자를 하고 있는 중이다. 경제적으로 자유로워진 조○○ 님은 이제는 여유로운 마음으로 사무실에 자주 들러 부동산 정보를 듣곤 한다. 이런 고객들이 점점 늘어날수록 나의 보람도 커질 수밖에 없다.

1950년 노벨문학상을 받은 영국의 철학자 버트런드 러셀은 이런 말을 했다.

"내게 양서(良書)를 알려주는 사람이 있었다면 이렇게 오랜 시간에 걸쳐 시행착오를 겪지 않았을 것이다."

그래서 많은 사람들이 시행착오를 겪지 않도록 양서를 본인이 직접 쓴다는 것이다.

내가 겪은 시행착오를 독자 여러분이 겪지 않았으면 하는 마음에 이 책을 쓰게 되었다. 그동안 끊임없이 공부하고 경험하여 얻은 노하우를 많은 사람들에게 공유하여 한 사람이라도 더 경제적인 자유에 가까워졌으면 하는 바람이다. 이 책이 불안정한 앞으로의 3년 동안 리스크 없는 안전한 투자를 하는 데 도움이 되었으면 한다.